JN438655

빈 벽을 바라보며

빈 벽을 바라보며

인쇄 | 2019년 3월 21일
발행 | 2019년 3월 24일

지은이 | 은옥진
발행인 | 서정환
펴낸곳 | 수필과비평사
출판등록 | 제300-2013-133호
주소 | 서울시 종로구 삼일대로 32길 36(익선동 30-6 운현신화타워 빌딩) 305호
전화 | (02) 3675-3885, (063) 275-4000 · 0484
팩스 | (063) 274-3131
이메일 | sina321@hanmail.net, essay321@hanmail.net
인쇄 · 제본 | 신아출판사

ISBN 979-11-5933-212-8 03810
값 15,000원

※이 도서의 국립중앙도서관 출판시도서목록(CIP)은 서지정보유통지원시스템 홈페이지(http://seoji.nl.go.kr)와 국가자료공동목록시스템(http://www.nl.go.kr/kolisnet)에서 이용하실 수 있습니다.(CIP제어번호: CIP 2019007116)

빈 벽을 바라보며

은옥진 수필집

수필과비평사

머리글

아픈 채로 살아온 게 10년이 넘었다.

글을 쓰려고 하면 아픈 이야기뿐이었다

어느 날 생각하니 그게 현실이고 나의 일상이었다

내 모습 이대로 쓰기로 했다.

기적으로 오늘에 이르렀으니 감사하며 썼다.

유년기의 이야기와 가족의 이야기들을 모으고

내보내지 않은 꽃 이야기들을 한데 묶었다.

한 글자 한 글자 마음을 다해 엮었다

꽃 이야기를 쓰고 한 송이 한 송이 물들여

어여쁜 꽃들을 피웠을 때 흐뭇했다.

제 6장 '나무에게서 듣는다' 는 이미 발표한 글이지만 그 '나무' 를 찾아다니면서 고증을 듣고 자료를 찾느라 많은 발품을 팔았다. 그들에게서 들은 얘기를 잊지 않으려고 여기 다시 싣는다.

깊숙이 묻어둔 원고를 책으로 묶어주신 수필과비평사에 감사하며 부족한 글에 평설을 써주신 김우종 교수님께 사의謝儀를 표합니다

2019 새싹 움트는 봄날에

은 옥 진

차례

제2부

빈 벽을 바라보며

제3부

가슴 따뜻한 이야기

제4부

그리운 사람

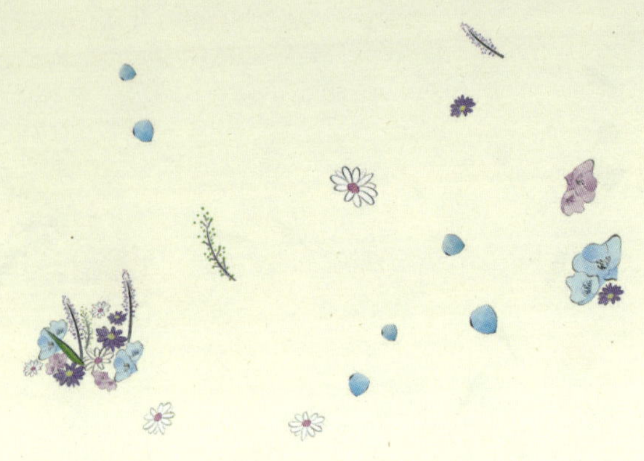

제5부

나의 꽃 이야기

제6부

나무에게서 듣는다

| 제1부 |

열 번째 가족사진

그해 여름

출생과 어린 시절, 전쟁의 시대

흐릿한 그림 하나가 오랫동안 내 안에 있었다. 한밤중이었을 것이다. 잠에서 깬 내가 한쪽에 웅크리고 있었다. 밥상이 차려져 있고 커다란 보따리 하나가 윗목에 있었으며 밥을 먹은 낯선 사람들은 어머니 아버지 손을 붙잡고 눈물바람을 하고 있었다. 그리고는 조심스럽게 마당으로 나갔다.

한참 컸을 때 그 꿈같은 이야기를 풀어놓았다. 어머니는 깜짝 놀라시며 "아니, 그건 너 세 살 때였어."라며 일본이 패망하고 돌아갈 때라고 하셨다. 얌전한 일본인 부인이 이웃에 살았다. 며칠 뒤 떠나기로 했다면서 자기 살림을 모두 어머니에게 주고 싶다고 했다. 남의 아픈 살림 어찌 들어올 수 있을까 사양했다고. 새벽 세 시에 아침을 먹여 보내게 되었고, 그 보따리는 한 번도 쓰지 않은 명주이불을 선물로 주고 간 것이란다.

시국이 흉흉했지만 아버지가 금융조합에 계셨으므로 그런대로 지냈다고 한다. 아버지는 꽃가꾸기를 좋아하셔서 울안에 당년초와 유실수 등, 백여 종류가 넘은 꽃나무들이 있었다. 특히 태산목과 색색깔의 장미는 아버지가 공을 들이셨다. 가을이면 대국, 실국, 현애 등 각양의 분을 가꾸셔서 마당에 늘어놓으면 국화 전시회가 따로 없었다는 얘기를 어머니에게서 듣곤 했다. 대문에서 안채까지의 장미 터널은 내 유년의 놀이터였다. 문단에 올라 연작수필 〈나무〉를 쓸 수 있었던 자양도 풀꽃과 나무를 고이신 부모님의 정서를 은연중에 감득한 덕분이었을 것이라고 생각한다.

6·25 전쟁 전까지는 정읍에서 살았다. 수복 후 빨치산의 잦은 침투로 관공서가 다 불타고 양민들의 희생도 퍽이나 컸다. 바로 옆집에서 하룻밤 사이에 남자들 네댓 사람이 한꺼번에 변을 당한 뒤, 어머니는 트럭 한 대를 불러와 이삿짐 몇 가지를 실었다. 도처에 빨치산이 준비하던 그때 하룻길을 걸려 어머니의 고향인 전주로 피난을 겸하여 우리들의 교육을 위

해 이주했다. 곧 바로 나는 전주국민학교 3학년이 되었다.

전쟁 후 책을 구하기가 쉽지 않아, 어쩌다 누군가 동화책을 교실에 들고 오면 그 책을 등잔불 아래서 밤늦도록 읽고 다음 날 돌려주곤 했다. 나는 언니가 선물해준 강소천의 동화집 《꽃신》과 김래성의 《쌍무지개 뜨는 언덕》을 친구들에게 보이며 어깨를 으쓱했던 기억이 지금도 생생하다. 어미가 읽었던 책들, 빛바래서 누렇게 된 그 책들을 우리 애들이 자라면서도 읽었다.

성장 가족이라는 토양

1954년 중학교에 입학한 나는 《학원》을 구독했고 강소천과 이원수 대신 헤르만 헤세와 앙드레 지드를 만났다. 어린 내게 《새벗》을 선물했던 언니는 그때 《현대문학》을 구독했고 동아, 을유문화사에서 출간되던 세계문학전집을 들여왔다. 덕분에 웬만한 서구 명작들을 섭렵할 수 있었다. 오빠가 서울 다녀올 때마다 사다주는 책들, 여학생 때의 감성을 적신 《에반제린》, 《이녹 아든》, 《바다의 선물》 등, 여태도 고이 간작하고 있다. 그림을 좋아해서 신문에 실린 천경자, 이봉상, 박고석, 김환기 많은 화가들의 컷을 스크랩하기도 했다.

50년대의 여학교 시절은 반공과 무슨 궐기대회 등으로 언뜻하면 학생들이 공설운동장으로 불려나갔다. 행사 때마다 전주여고 합창단이 스탠드에 서 있으므로 지근거리에서 이승만 대통령을 볼 수 있었다. 삼엄한 경계도 없이 혼자서 저 멀리 운동장 입구에서부터 흰 두루마기 차림으로 천천히 걸어서 군중들 사이를 지나 바로 내 옆에서 단상을 향해 계단을 오르셨다. 3 · 15 부정선거를 겪고 4 · 19혁명으로 그 어른이 하야하는 영상을 보면서 그 옥양목 두루마기 차림의 모습이 뇌리에서 내내 떠나지 않았다.

대학생이 되어서는 바이올린을 취미로 하는 오빠에게 첼로를 배웠다. 방학이 되면 서울에서 내려온 서울대 음대생이었던 차형균(전 전주대학교 음대교수) 씨에게 배웠다. 교회에서 성찬예식, 부활절, 성탄절이 되면 오빠와 트리오를 했다. 결혼해서는 당시 연세대 음대생이었던 이재규(전 KBS 첼리스트) 씨가 전주로 와서 레슨을 해주었다. 우리 형제들이 음악을 할 수 있었던 것은 순전히 어머니의 영향이 컸다. 믿는 사람은 찬양을 잘하거나 악기를 해야 된다고 적극 권해주셨다. 대학신문에 몇 차례 신문기고를 했으며 희곡담당 송현섭 교수의 지도로 영어연극을 했다.

5 · 16군사정변 후 화폐개혁이 있던 날, 오후 수업이 끝나고 버스를 타러 나왔다가 버스비 30환을 지닌 채 시오리 길을 걸어 곧장 영어를 가르치던 학생 집으로 갔던 일을 잊을

수가 없다.

졸업 후 직장을 구하기는 예나 지금이나 어렵기는 마찬가지일 것이다. 1965년 오빠의 미국유학으로 나도 모르는 사이에 내 혼사가 결정 되었던가 닷새 후면 출근할 직장을 결혼할 사람의 반대로 그만두어야 했다. 아쉽고 아쉬웠다.

1975년 서울로 이사를 했다. 홍대 근처에 살고 있었고 아이들도 웬만큼 자랐으므로 미술사 공부를 하고 싶었다. 때마침 국립중앙박물관특설강좌 박물관대학에서 미술사를 수강하고 있었기에 더욱 간절했다. 어머니가 뒤를 봐줄 테니 젊어서 시작하라는 말씀에 원서를 냈다. 남편이 해외에 있을 때라 시간도 충분했다. 남편에게서 돌아온 대답은 '이혼' 이라는 거였다.

집 꾸미기를 좋아하다 보니 인테리어가 마음을 끌었다. 1970년대 그 시절에는 전문 인테리어업자가 없었다. 고가구와 그림, 초록식물들로 꾸며진 우리 집이 여성지에 실리다 보니 내게 자문을 구하는 사람들이 많았다. 마침 병원을 시작하는 어느 집을 재미 삼아 귀띔을 했더니만 비용이 반으로 줄었다면서 자기네 동료들을 소개했다. 귀가 시간이 늦어 그 일도 할 수가 없었다.

박고석, 천경자, 김구림 화백 등과 만난 것도 그 무렵이었다. 천 화백과의 우연한 만남으로 이야기 〈정한〉을 2003년에 쓸 수 있었던 것은 참으로 소중한 추억이 되었다.

뭔가를 이루려다가 돌아서고, 내 의지와는 상관없이 포기하고, 그러면서도 다시 앞을 보며 꿈을 가졌다. 딸 둘이 피아노와 바이올린을 배우고 있었기에, 작은 가족음악회가 열리는 뮤직하우스를 만들고 싶었다. 음악 하는 이들이 집에 드나들었기에 작은 음악회를 가질 수 있었다.

등단, 오랜 기다림의 시작

85년 문예진흥원 문예강좌를 통해 원로 문인들의 예술과 식견을 엿볼 수 있었다. 1995년 정봉구 교수님과의 만남으로 늦었지만 나만의 글쓰기를 시작했다. 비용 들이지 않고 소리 없이 할 수 있으니 제격이었다. 그러던 어느 날 《수필과비평》에서 신인상을 받은 내 글과 사진이 전북일보 문화면에 크게 게재되었다. 공교롭게도 그 신문을 남편 친구가 집으로 보내준 것이다.

문학, 나무에게서 듣는 이야기

등단 이후 정주환 《수필과비평》주간으로 부터 '사랑' 이나 '연애' 를 주제로 한 연재를 권유받았지만 사랑도 연애도 모르니 시작을 못했다. 영화나 소설 이야기를 써도 좋다는 양해에도 그랬다. '나무와 꽃'에 대해서라면 쓸 수 있겠다 싶었다. 유년시절부터 함께했던 풀꽃과 나무들이 친근했기 때문이었다.

'나무'를 쓰기 위해 나무의 이야기를 들어야 했다. 4·3사건 현장에 있었던 나무를 찾아갔고 양화진 선교사 묘지공원과 천주교 순교성지인 해미읍성, 서대문형무소의 통곡의 미루나무를 찾아갔다. 이렇게 4년 동안 나무를 만나러 발품을 팔았고 그 이야기를 들었다.

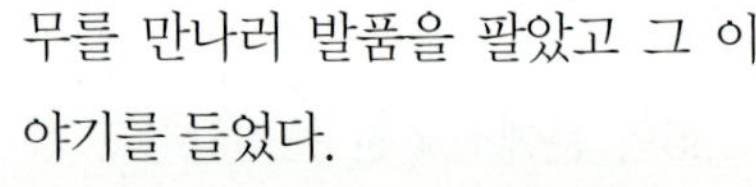

1999년 첫 에세이집 《사연》의 표지화와 디자인을 딸이 맡아주었다. 《한국기독공보》에 주간연재 '테마 에세이'에도 딸이 삽화를 그려주었다. 교계신문에의 에세이에 천연색 삽화가 곁들여질 수 있었던 것은 당시 사장으로 재직하신 고무송 목사님의 유연한 발상과 파격적 배려 덕분이었다. 돌쟁이 병준이를 제 아빠가 돌보는 동안 모녀는 마감일을 맞추느라 주말마다 머리를 맞대고 궁리를 했다. 이때 그린 삽화들이 2002년 두 번째 에세이집 《매화가지에 꽃댕기》를 어디서도 볼 수 없던 화사하고 예쁜 책으로 꾸밀 수 있게 되었다. 그 작품으로 2003년 신곡문학상을 수상했다.

병상의 시절, 문학의 위로

글 쓰는 보람을 어지간히 누리고 있던 2006년 여름. 난데없는 병이 내게 닥쳤다. 결혼해서 십여 년 동안 거듭되는 자연유산으로 맘고생 많이도 했지만 동남아나 미주, 유럽 등 남편의 해외 체류 때면 여행을 가기도 했었다. 육십이 넘으면서 나도 이제 살만해졌구나 싶었는데 보통 사람들이 누리는 흔한 일상조차 가눌 수 없게 된 것이 바로 그해 여름부터였다.

내일을 가늠할 수 없는 하루하루가 지나가고 있었다. 새아침을 맞으면 기적 같고, 해거름이 되면 가슴에 돌을 매단 듯 무거웠다. '과연 내가 이 땅에 머물 수 있는 날이 언제까지일까.'라는 생각이 불현듯 일기 시작했다. 아껴뒀던 물건들도 챙겨서 나눠주고, 성경 읽기도 서둘러야 했으므로 누운 채 손에 들고 읽기 수월하도록 다섯 권으로 분책을 했다. 예쁜 그릇과 집기들은 어렵게 살림 시작한 새댁에게, 정갈한 옷이나 화장품, 핸드백 등은 나눔 단체에 보냈다.

가을이 고비라고 했던 그 가을로 접어들었다. 창밖의 노랗게 물든 은행잎이 얼핏 눈에 들었다. 문득 여학교 때 읽었던 오 헨리의 단편소설 〈마지막 잎새〉가 생각났다. 하루에

도 몇 번씩 아줌마에게 은행나무 잎이 다 져 버리지 않았느냐고 묻곤 했었다.

발을 떼놓고, 앉기고 서기도 할 수 없지만, 속절없이 누워서 피폐해져가는 자신을 바라보며 시간을 축내고 싶지 않았다. 출석하는 교회에서 발간하는 회지에 실릴 '원고수집'과 '전화걸기'를 생각해냈다. '원고'라는 어휘도 낯선 이들에게 전화를 해서 그들 삶의 이야기를 끌어내고 그렇게 나눈 대화를 쓰게 했다. 대학노트나 달력 뒷장에 적어 오면 원고정리는 누워서 자판을 가슴에 얹고 했다. 그때 글을 써왔던 몇 사람은 그 일이 계기가 되어 가끔씩 꼬깃꼬깃 접은 종이를 내 손에 쥐어준다.

'전화걸기'는 교회 내의 장기 환자나 병원에서 만났던 환우들에게 안부전화를 하는 일이었다. 병상에 오래 있다 보면 가족이나 친구에게 할 수 없었던 얘기가 쌓여 있었던 것이다. "얼마나 힘드세요, 많이 아프지요?" 불과 서너 마디로 마음을 나눈다, 그들이 울면 나도 따라 울고 웃으면 함께 웃었다.

그리움, 후회

머물 수 있는 날이 얼마 남지 않았다고 하니 지나간 시간이 아쉽고 후회되는 게 참 많기도 하다. 딸들을 바르게 가르친다고 무섭게 나무랐던 것도 미안쩍어진다. 다시 되돌릴 수 있다면, 더 좀 포근하고 자애로운 엄마로 돌아가고 싶다. 별로 볼 일 없는 아내로 살아온 것도 미안하다.

내가 떠나고 나면 몹시도 가슴 아파할, 내 소중한 자식들. 어미가 떠난 뒤, 엄마! 하고 부를 때, 가까이에 있어줄 수 없음이 안타깝다. 잦은 유산으로 늘 가슴 졸이다가 아이들 넷을 안았을 때의 벅찬 기쁨, 아장걸음 걷던 아기가 어느 날 엄마를 부르며 품안에 들던 그 다사로움이 엊그제만 같다. 새벽이면 애들 넷의 도시락 예닐곱씩 싸며 힘들어하던 그때, 언제쯤 싱크대 앞을 벗어날까 그리도 소원했었건만, 그러한 나의 주방이 새삼 소중해졌다. 하찮은 작은 돌멩이도 눈앞에 펼쳐진 잿빛 하늘조차도 나에겐 아름다움이었다. 그 모두는 '살아있음'에 대한 느꺼움이요 함초롬한 행복인 것을.

빛나는 햇살과 노상 종잘거리는 작은 새들의 노래, 여느 화창한 봄날에 코끝을 스미던 라일락향기, 가을이면 즐겨 마셨던 유자차와 모과차 그리고 크리스마스를 기다리는 설렘도 그립기만 하다. 머무르고 남을 수 없음이 아픔으로 남는다.

병원에서 말했던 그 가을도 지나갔다. 글을 쓰고 싶었다. "문학은 자기 속에 침잠할 수 있는 힘"이라고 한 어느 작가의 그 말이 절실하게 느껴졌다. 침대에 누운 채 자판을 올려놓고 쓸 수 있는 침상용 책상을 아들들이 만들어줬다. 날마다 한 자 또 한 자 글자를 써서 문장을 만들어 낼 때 고통과 괴로움이 쓰는 자체만으로 이미 내 삶과 아픔을 보듬는 일이었다. 그렇게 한 글자씩 모아 2009년에 《나는 글자를 모은다》를 출간하게 되었다. 그 작품집으로 '현대수필문학상'을 수상하게 되었다. 다음 해 '대한문학상'을 수상할 때는 수상식장인 정읍까지는 먼 길이라 참석할 수가 없었다.

돌아보면 세월이 무겁고 마디었을 때가 어찌 없었을까 마는, 계절의 순환을 창밖으로만 바라보며 지낸 일곱 해. 꽃이 피는가 싶으면 잎이 우거지고, 잎이 물든다 싶으면 어느새 눈이 내렸다. 언제까지니이까! 속울음을 울며 내 안에 소망을 두고 하루하루를 더 열심히 살려고 애를 썼던 나날들. 아득한 심연深淵 속으로 가라앉던 그해 여름은 나에게 또 하나의 새로운 삶이 되었다. 아프지 않았다면 내 어찌 옆을 살필 수 있었을까. 고통이 오직 고통만으로 끝나지 않았기에 지난날을 되새기며 어제를 감사하고 오늘 안에 있다는 것이 얼마나 고마운지…. 내일을 염려하기보다 오늘을 소중히 여기고 기뻐하리라. 바람이 있다면 꿈에도 그리는 어머니 산소에도 꼭은 가보고 싶다.(2012)

반지

저물녘이었다. 혼인날을 며칠 앞둔 아들이 신부에게 줄 예물함을 찾아왔다. 어서 보시라면서 화사한 리본 장식을 풀었다. 알록달록 곱기도 했다. 반지 하나 내 손가락에 끼어 보고 싶은데 왠지 아들 눈치가 보였다. 얼른 화장대 위에 얹어 두고 주방으로 나왔다. 저녁을 챙기면서도, 상을 물리고 설거지를 하면서도, 작고 반짝이던 것들이 눈에 어른거렸다. TV를 켰다. 노상 시청하던 뉴스가 귀에 들어오질 않았다. 아들 앞이라 내색을 안 했지만, 만져 볼까 하다가 그만둔 그 반지가 자꾸 생각났다.

아들 방을 기웃거려보니 자판 두드리는 소리가 그치질 않았다. 그만 잠자리에 들었다. 한숨이나 잤을까. 거실로 나가 보니 방마다 불이 꺼져 있었다. 예물상자를 서랍에서 살그머니 꺼냈다. 괜히 가슴이 두근거렸다. 얼른 반지부터 약지에

끼워봤다. 맞춤이라도 한 것처럼 꼭 맞았다. 손가락을 오므렸다 펴 봐도 불편한 데가 없었다. 예물함을 화장대서랍에 넣다 생각하니 아무래도 자리가 허술했다. 장롱 아래쪽 서랍 깊숙이 넣어두는 게 나을 성싶었다.

다음 날이었다. 나도 모르게 자꾸 네 번째 손가락으로 눈길이 갔다. 지난밤에는 한밤중이어서 제대로 못 봤는데, 아무도 없는 밝은 낮에 색깔이며 디자인을 맘 놓고 구경하고 싶었다. 하루에도 몇 차례씩 보고 또 들여다보는 재미가 여간 아니었다. 그러긴 해도 값진 물건을 가진 일이 없어선지 불안한 마음이 들기도 했다.

한나절이 지난 뒤 장롱 서랍에 두었던 것을 책장 둘째 칸으로 옮겼다. 미심쩍은 마음이 들었다. 해 질 녘, 거실 반다지로 다시 옮겼다. 허술하게 생긴 반다지 위에는 스킨답스가 심어진 화분이 놓여있다. 푸른 줄기가 늘어져 반다지 전체를 덮고 있으니 누구도 그 안에 예물이 들어 있으리라고는 짐작할 수 없을 것이라고 여겨졌다. 더 은밀한 곳을 찾아 이리저리 옮기다보니 먼저께는 어디에 뒀더라, 내 스스로도 헷갈렸다.

그리도 곱고 아름답던 패물이 차츰 부담스러워졌다. 궁리 끝에 예물함에서 내용물을 꺼냈다. 예물함 자체가 하도 곱게 치장이 되어 있어서 마치 '나 여기 있어요.' 하듯 눈에 띄었다. 작은 비닐봉지에 담으니 엄지손가락 정도 될까 싶게, 부

피가 줄었으니 숨기기도 편했고, 후딱후딱 꺼내 보기에도 수월했다.

그런 즐거움도 잠시였을 뿐, 하루도 못가서 사단이 벌어졌다. 초저녁까지 내 눈으로 봤는데 늦저녁 다시 보려니 그놈의 종적을 찾을 수가 없는 것이었다. 예물함을 들고 여기가 좋을까, 저기가 좋을까, 사흘 동안 옮겨 다녔던 순례길을 동이 틀 때까지 샅샅이 더듬었다.

함이 가야 할 날은 사흘 뒤였다. 앞이 캄캄했다. 아들에게 알릴까? 그럴 수는 없었다. 이런저런 생각들이 나를 더 어지럽게 했다.

문득 옛날 일이 생각났다. 우리가 결혼하던 그 시절에는 보석반지가 큰 예물이었다. 나는 그런 예물을 받지 못했다. "다음에 눈깔사탕만한 것을 꼭 해 주리다." 언약했는데 아직까지도 내 약지는 허전하다. 길을 가다 보석상 앞을 지나기라도 하면 그쪽으로 눈길이 쏠려 그냥은 지나치지 못했었다. 가슴 두근거려가며 한참씩 들여다보곤 했었다.

그렇게 갖고 싶어 했던 그런 보석반지를 가질 기회가 아주 없었던 것은 아니었다. 오십이 좀 지나서였다. 이십 몇 년 전 서교동 단독주택을 팔 때였다. 중개업자가 흥정했던 것보다 어찌어찌해서 내 말 한마디에 상당한 액수를 더 받게 되었다. 나는 남편에게 더 받은 액수를 내가 쓰겠다고 했다. 이사 갈 아파트 수리비와 그렇게도 소원했던 반지와 오디오세트를 가지고 싶어서였다. 그가 흔쾌히 응낙을 했다. 하지만 그가 지내면서 약속을 실행한 일이 없었기에 반신반의하며 언제나처럼 기다렸다.

역시나 우려한 대로 큰 액수의 열에 하나나 될까 싶은 것을 내게 내밀었다. 며칠을 생각하다 아이들과 의논했다. "엄마가 제일 가지고 싶은 것으로 하세요."라는 결론이었다. 아파트 수리비는 어림없고, 반지든 오디오든 둘 중 하나는 가능했다. 선택에는 늘 갈등이 따르게 마련이었다. 하지만 오디오가 들어온 그 날 이후로는 두 번 다시 보석상 앞에서 얼쩡거리지도, 다른 여인의 손가락을 훔쳐보지도 않게 되었다. 그렇다고 남편을 칭탁하지도 않았다. 한 가지라도 충족되고 보니 그보다 수위가 낮은 다른 것들은 저절로 스러지는가 보았다.

아들 혼사가 결정되었을 때, "패물은 지금 아니면 쉽지 않다. 다 해줘라."라고 말해 준 것은 그런 연유 때문이었다. 숨겨둔 곳을 못 찾아 그렇게도 내 가슴을 졸이게 했던 예물은 엉뚱하게도 컴퓨터 자판 밑에서 나타났다. 때맞춰 되살아난 기억이 감사하기 그지없었다. 함도 제 날에 가져갈 수 있었다.

쉰이 넘으면서 시나브로 잊어버린 줄 알았는데, 예물함을 보던 그 순간부터 뜬금없이 옛날로 돌아가 버릴 줄을 어찌 알았으랴. 그리도 아름다울 수가 있다니…. 곱고 사랑스런 것을 싫어하는 여자가 어디 있을까. 아직껏 내 마음 깊은 곳에 곱다시 빛을 발하며, 반짝반짝 남아 있을 줄이야.(2013)

장서각 추억

창경원에 있었던 장서각藏書閣을 기억하는 사람은 드물 것이다. 창덕궁으로 복원하면서 그곳에 있던 장서각이 헐렸을 때, 가장 섭섭하게 여긴 사람은 우리 가족들이었을 것이다. 이토록 장서각을 추억하는 것은 우리 집만의 이야기가 있어서이다.

내가 처음 장서각에 간 것은 50년 전 6월 5일이다. 그날은 오라버니가 미국으로 유학을 떠나기 전날이었다. 먼 길 떠나는 오라버니를 환송하기 위해 일가친척들이 모여 화창한 날씨와 신록 진 초여름 하루를 창경원에서 보내고 있었다.

그때 카메라를 들고 여기저기 살피던 오라버니가 갑자기 장서각으로 오르는 돌계단 중간쯤에 나를 서게 했다. 카메라 초점을 내게 맞추는가 싶더니, 갑자기 휘파람을 휙~ 불면서 팔을 높이 쳐들었다. 그리고 찰칵하는 셔터 소리가 났다. 그랬는데 웬 색안경을 낀 생면부지의 남자가 내 옆에 서 있었다. 나도 모르는 사이에 가족들 앞에서 첫선을 본 셈이었다.

그 생면부지의 남자와 종일 함께 다녔고, 점심도 같이 먹었으며 사진을 찍을 때도 매번 내 뒤에 서 있었다는데 전혀 기억나는 게 없었다. 지금 생각해도 알 수 없는 그날인 것이다. 친가 외가 식구들이 워낙 많았으니 친척쯤으로 여기지 않았나 싶다. 훤칠하고 멀끔한 오라버니만 보아 왔으니, 차림새며 나이까지 듬직해 뵈는 그 남자를 어찌 눈여겨볼 수 있었으랴.

지금처럼 외국을 자유롭게 드나들던 시절이 아니었으니, 4년 뒤에야 돌아올 오라버니는 아버지도 안 계신 집안에 막내 여동생의 앞날이 염려되었던 모양이었다. 당사자인 나도 모르게 남자 쪽 집안과 이미 혼담이 오갔으니 날만 받으면 된다고 했다.

그 무렵 나는 서울의 모처에 닷새 뒤면 출근을 하게 되어 있었다. 바로 결혼할 텐데 굳이 직장에 나갈 일이 있느냐면서 그 남자가 반대를 한다는 것이었다. 이미 정해진 수순을 뒤엎을 만큼 나는 맵짜고 야무지지도 못했다. 내 꿈은 한 발짝 내디디지도 못한 채 끝나고 말았다.

장서각을 두 번째로 찾은 것은 1975년 6월 6일이었다. 십 년만이었다. 마침 전주에서 서울로 이사를 왔고, 휴일을 맞아 나들이를 갔었다. 십 년 전 내가 서 있었던 그 돌계단이 눈에 들어왔다. 어찌된 일일까. 정지됐던 그 옛날이 한순간에 두루마리 풀리듯 펼쳐진다. 흰색 민소매 원피스에 긴 머리카락이 바람결에 날리는 스물셋의 앳된 내가 거기 서 있다.

환영은 잠깐. 네 살 된 막내가 넘어진 채 엄마를 찾고 있었다. 아이를 달래고, 아홉 살 큰딸부터 아이들 넷을 앞줄에 반듯하게 세우고 다시 사진을 찍었다.

그날 이후, 장서각에서 아이들과 찍었던 사진을 벽에 걸고 하루에도 몇 번씩 들여다보곤 했다. 사는 게 팍팍할 때면 어린것들 넷이 조르르 서서 서로 손을 꽉 잡고 있는 모습을 바라보며 마음을 가누었다. 그러면서 생각하기를 해마다는 너무 밭고, 다섯 해에 한 번씩 아이들 커나는 모습을 남겨야겠다는 마음이 들어 지금껏 이어오고 있다.

1985년 어느 날, 새벽부터 도시락을 싸들고 창경원으로 나들이를 갔다. 창덕궁 복원으로 장서각 쪽으로는 출입금지를 시켰다. 망연해진 우리는 먼빛으로 보이는 경회루 앞에 섰다. 다음번에나 다시 장서각 앞에 설 수 있으려나, 싶은 맘으로 애석함을 달래며 돌아서 왔다.

집으로 오는 내내 아이들은 지난날 땀을 뻘뻘 흘리며 멀리 매점까지 아이스크림을 사러 갔던 이야기며, 술래잡기를 하며 이리저리 숨을 데를 찾던 이야기들을 나누고 있었다. 지나간 어린 시절의 순간순간들이 소중한 기억으로 가슴속에 담겨있으리라.

그 후 장서각이 일제 잔재라 해서 철거되네, 마네가 한동안 신문에 오르내렸다. 설마 그렇게 하랴 싶었는데 2년 뒤 기어코 헐리고 말았다. 1990년 그날의 기념사진이 마지막이 되었다. 가뭇없이 사라지는 수많은 것 중에서 그 옛날을 담은 장서각은 이제 우리 집의 사진에서만 볼 수 있게 되었다.

시대를 따라 장서각은 헐렸지만, 그 돌계단에서 나란히 손을 잡고 서 있던 아이들은 건강하고 씩씩하게 성장했다. 장서각이 헐린 뒤, 아이들은 다음번 사진 촬영할 장소를 스스로들 찾고 있었다. 우리 식구들이 자주 갔던 예술의 전당이나 세종문화회관 등을 손꼽았지만, 아무래도 처음 시작된 장서각과 같은 장소인 경회루를 결정하는 데 의견을 모았다. 역사의 터전은 오래오래 지켜질 것이라고 생각했다.

경복궁 뜰의 시간이 수백 년을 질러가듯이, 우리 가족의 시간도 차분차분 그렇게 흘러갔다. 키가 자랐고 옷차림이 달라졌고 머리 모양도 달라졌지만, 까만 뿔테 안경을 쓰는 시절이 있었음도 기억할 수 있었다. 장성한 아이들로 해서 새로운 가족이 만들어졌고, 30

년 전 내 아이들을 닮은 어린 주인공들이 액자 가운데를 자리하였다.

다섯 해를 걸러 하나씩 늘어나는 사진들은 우리 가족의 이야기이다. 해를 거듭하다 보니 가족사진들이 이제는 거실 벽면을 다 차지하고 있다. 처음에는 남의 집에 없는 것을 우리만이 갖는다는 재미가 전부였다. 아이들이 커 가면서 나름대로 의미부여도 해졌다. 우리 집의 역사이며 전통이라고 자랑스럽게들 여겼다. 그래서 가족사진 촬영하는 그날은 식구들 모두 여느 명절보다 더 손꼽아 기다리는 가족 나들이가 되었다.

다음 5년을, 그리고 또 다음 5년을, 그렇게 기대하며 세월이 갔다. 50년이 되는 올해. 경복궁 나들이를 약속한 5월 어느 하루, 여느 해보다 남다른 날이었다. 열 번씩이나 사진촬영을 하는 동안, 내가 병으로 고생하는 것 외에는 가족들 무탈해서 한 식구도 빠짐없이 환하게 웃고 있으니 큰 감사가 아닌가. 또 하나는 우리 가족사진 찍는 모습이, 열다섯 대가족이라 해서 KBS 〈다큐멘터리 3일〉 프로에 방영되었다. 곧이어 어느 대기업으로부터 광고 제의를 받기도 했지만, 숙고 끝에 거절했다.

벽에 걸린 사진들을 다시 한 번 바라본다. 지나간 시간은 눈에 보이지 않지만 빛바랜 사진에는 소중한 기억의 시간들이 그 사진에 깃들어 있다. 돌아보면 그날, 장서각에서의 사진 한 장이 내 인생의 모든 것을 결정했는지도 모르겠다. 오늘도 사진틀 밖으로 미어져 나올 것 같은 열다섯 식구들을 들여다보며 남은 시간을 헤아려본다.(2016)

한 그루 갈매나무

조용히 누워 지내는 시간, 유년기의 풍경이 마음에 들어찬다. 친정집 마당 안으로 들어서면 시끌벅적한 부딪침, 언니가 그립다.

깨복쟁이 사건

언니를 기다리던 저녁 무렵이었다. 어머니는 내 손톱에 봉숭아물을 들여 주려고 평상에 앉아 아주까리 잎을 요리조리 만지고 계셨다.

"그때가 다섯 살이었어야. 니 언니가 에미 우세시킨 일은 말도 못혀야. 옷을 다 벗어버린 채 아버지 사무실에 간 것 아니것어."

어머니는 언니의 깨복쟁이 사건을 꺼낼 때마다 서두를 그렇게 시작하셨다. 나이가 드셨어도 그 얘기를 할 때면 매번 얼굴을 붉히셨으니 그 옛날에는 얼마나 난처해하셨을까 짐작이 간다.

아버지가 금융조합에 재직하실 때여서 사무실과 잇닿은 사택에서 살았다. 판자 울타리 사이에 사무실이 있고, 그 옆으로 마름쇠 울타리가 쳐진 채마밭이 있었다. 언니는 멀찌감치 있는 대문보다 그 철조망울타리 개구멍을 바쳤다. 그러다 보니 일쑤 옷을 찢겼다.

일제강점기여서 물자는 귀했고, 아버지가 출장길에 사 오신 예쁜 원피스들이니 예사 옷도 아니었다. 어머니는 번번이 옷을 찢겨오는 언니가 밉살스러워서 톡톡하게 잘 짜인 무명베로 여느 애들처럼 검정 치마와 미색 저고리를 해 입혔다. 그런 옷을 입고 나간 언니가 한나절이 지나도록 기척이 없었다. 궁금해 하고 있던 차였다. 난데없이 아버지의 역정 섞인 고성이 마당 가운데서 터졌다.

"아니, 어쩌자고 어린애의 옷을 벗겨서 사무실로 보냈소? 망신스럽게!"

속옷만 입은 채 아버지 팔에 안긴 언니는 의기양양해서 어머니에게

"나는 무거서 못 입것다. 너나 입어라." 하였고, 그날 입고

나간 무명베 치마저고리는 밭고랑 가운데 내동댕이쳐져 있었다고.

자두나무

언니는 집보다는 떠들썩한 밖을 훨씬 좋아했다. 담장 너머로 또래들의 시끌벅적한 소리가 들릴 때면 매번 어떻게 해서 밖으로 나갈 수 있을까를 머리를 굴렸다. 언뜻하면 울음보를 터뜨리며 어머니께 매달리는 남동생 때문에 혼나는 것은 늘 언니였다. 어른들에겐 병치레가 잦은 남동생이 금지옥엽이지만.

그날도 아이들의 왁자지껄한 소리가 울안으로 넘어왔다. 커다란 나무대문 빗장을 벗길라치면 삐드득– 하는 소리가 안방까지 들리니 꼼짝할 수가 없었다. 어머니는 집에서만 놀라고 했는데 그러시는 데는 다 까닭이 있었다. 동네 아이들과 노상 싸우다 보니 언니에게서 얻어맞은 아이들의 부모가 집으로 쫓아왔고, 험하게 놀다 보니 곱게 차려 입힌 원피스를 망가뜨려 오는 일이 다반사였다.

언니는 바로 어제도 건넛집 아이를 때린 일이 걸렸는지 대문 옆에서만 얼쩡거리고 있었다. 그때 얼핏 담장

곁에 선 자두나무가 눈에 들어왔다. 서슴없이 나무를 타고 오르기 시작했다. 아래쪽 가지에서는 엊그제 동네 아이들과 다 따냈고, 손이 닿지 않는 우듬지 쪽에만 검붉은 자두가 다닥다닥 붙어 있었다. 자두 따 먹는 맛도 좋았지만 울 밖의 아이들 놀이 구경이 급선무였다.

갑자기 나뭇가지가 우지직하는 소리를 냈고 언니는 나무 아래로 동댕이쳐지고 말았다. 울안 담장 밑에는 흐르는 작은 도랑이 있었는데 풍덩 빠져버린 것이다. 나무에서 떨어진 일로 말하면 호두나무, 살구나무, 감나무 등등으로 헬 수가 없다. 그때마다 용케도 크게 다치지는 않은 것이 늘 나무를 오르다 보니 가지가 부러지면 그 가지를 놓치지 않고 미끄럼을 타듯 곡예를 했으니 그런대로 큰 탈을 면하곤 했단다. 언니가 말썽을 부린 일들을 어찌 다 손꼽을 수 있을까마는 사무실에 계시던 아버지까지 나오셔서 언니를 업고 병원에 가느라 이웃들이 놀라서 법석을 떨었다니, 참말 큰 구경거리요 이야깃거리였으리라.

여름이 되어 잘 익은 자줏빛 자두를 볼 때면 으레 언니가 떠올랐다. 언니가 물속에 빠진 것은 못 봤지만 주렁주렁 열려 있는 붉은 자두의 맛이랑, 그곳 담장 옆으로 졸졸 흐르는 작은 도랑은 나도 익히 알고 있다. 자두나무에 내리던 빛살까지 다 눈으로 그려낼 수 있다. 그러하던 고향집의 자두나무를 이제는 어디서도 볼 수가 없다. 웃음 속에서 아우르며 서로 보듬고 다지는 우리 형제들의 추억 속에서나 언제까지 푸르게 더 푸르게 자리매김하리라.

우물에 빠지던 날

군산에 사는 작은아버지가 오시던 날이었다. 어머니는 일찍부터 우물가에서 찬거리를 갈무리하고 있는데 언니는 바로 옆에서 수건을 빤다고 비누거품을 내고 있었다. 찬거리에 비눗물이 튀기므로 하지 마라 여러 번 일러도 아랑곳을 안 했다. 어머니는 언니가 새 옷차림으로 물장난을 하고 있으니 그게 더욱 맘에 걸렸었다고.

어머니는 부엌에서 점심 준비를 하면서도 언니에게서 잠시도 눈을 떼지 못했다. 말썽꾼인 언니가 우물에 빠질까 염려되기도 했고 새 옷을 버릴까 걱정스럽기도 했다. 그러던 때에 작은아버지가 오셨다. 어서 오시라는 인사를 건네고 막 돌아서는데 조금 전까지 우물가에서 바가지로 물을 푸고 있던 언니가 보이지 않는 거였다. 곧바로 "살려 주시오."라는 언니의 외침소리를 마당에 들어선 작은아버지가 듣게 된 것이다. 이게 무슨 소린가 허둥대시는 작은아버지께, 어머니는 큰애가 우물에 빠져서 그런다면서도 건질 생각을 아니하셨다. 되레 우물물이 그 아이 가슴팍도 안 올라 오니 정신 좀 차리게 놔두라고 하셨다.

그때 마침 사무실에서 점심을 드시러 나오신 아버지가 작은아버지와 함께 언니를 우물에서 건져냈다. 우물 밖으로 나온 언니는 물에 젖어 바짝 오그라든 세일러복을 요리저리 만지작거리며 서럽게 울어댔다. 여간해서 우는 일이 없었는데 그날은 달랐다. 어머니의 꾸중보다도, 물에 빠져서 겁이 나기보다도 누구에게 자랑 한번 못하고 젖어버린 옷이 아까워서 그리 서러웠다고. 어른이 되어서도 그 세일러복에 대한 안타까움은 간간이 화제에 오르내렸다.

그 옷을 초등학교 입학식 때 입히려고 아버지가 서울 화신백화점에서 사오셨다. 세일러복은 모직으로 된 세루라는 천이어서 물에 젖으면 바싹 줄어든다. 그날 저녁 때 아버지는 언니 키 높이 노깡[土管]을 들여와 턱이 낮았던 우물 언저리를 높이는 보수공사를 하셨다. 그 후에는 우물에 빠지는 일이 없었다.

언니는 어릴 때부터 자기보다 큰 아이들을 예닐곱씩 몰고 다니며 골목대장노릇을 했다. 그래선지 과일나무 열매들이며 꽃밭에 피어나는 꽃까지, 집안의 자질구레한 것들이 남아나지를 않았다. 일제 강점기였으니 생필품이 귀한 시절, 아버지는 언니가 학교에 들어가면 쓸 수 있는 학용품을 미리미리 사다가 골방 시렁 위에 보관해두셨다. 어떻게 알았는지 언니는 그것들마저 죄다 아이들에게 내다 줘버렸다.

그러한 일련의 불상사가 골목대장을 고수하기 위한 언니의 작전은 아니었을 것이다. 본디 나누는 마음이 없다면 어찌 쉬울까. 언니는 타고난 성정으로 너무너무 자연스레 그리했을

것이다.

내가 초등학교 3학년 때의 소풍날이었다. 전쟁 다음 해였으니 모두가 끼니를 제대로 잇지 못하던 시절인데 도시락을 열자 명절에나 구경할 수 있는 전유어가 담겨 있었다. 저녁 때 집에 오니 여학교에 다니는 언니 친구들이 그날 결석한 언니를 만나러 왔다면서 마루에 앉아 있었다. 웬만한 먹거리를 내게 다 싸주고 언니는 소풍을 가지 않았던 모양이었다.

내가 여고 1학년이 되어 성적표를 받아 온 날이었다. 어머니는 내 성적표를 한참이나 들여다보시더니 내 책가방을 마당으로 던져버리셨다. 비에 젖어서 찢겨진, 엉망이 되어버린 영어책. 학기 중간이라 마땅히 책을 구할 수도 없었다. 내가 친구에게서 빌려온 영어책을 학교에서 퇴근한 언니가 꼬박 밤을 새우며 베껴주었다. 세상에 단 하나뿐인 그 필사본 덕분에 나의 책가방은 두 번 다시 내던져버리는 일이 없었다. 그리고 나는 실로 오랫동안 그 필사본을 나의 서가에 소장해 왔었다.

또 있다. 여학교 때 언니를 따라 변산 바다에 갔을 때의 일이다. 1950년대였으니 제대로 된 수영복도 없는 시절이었다. 언니가 맘먹고 새로이 구입한 것을 내게 입히고 언니는 볼품없는 낡은 수영복을 그냥 입었다. 언니 나이 이십대 초반이었으니 한창 시절이었다. "헌 옷을 내가 입을게."라는 생각을 어찌해서 나는 못했을까. 그뿐이 아니었다. 언니가 입으려고 산 새 옷도, "니가 나보다 낫게 보인다."며 선선히 내어주는 언니의 마음 씀씀이는 줄기도 열매도 밑동까지도 모조리 내어주는, '아낌없이 주는 나무'이던 터였다.

아버지의 그 한 말씀

언니가 여학생이 된 뒤의 일들은 어머니에게서도 오라버니에게서도 들은 일이 없다. 언니의 희수잔치가 있던 날 처음 듣게 되었다. 언니의 통지표 품행 난에는 매번 '말썽 많은 학생'이라고 기록되어 있었단다. 어느 날 예의 그 대동소이한 통지표를 받은 언니는 어머니의 얼굴이 앞을 가려 집으로 갈 수가 없었더랬다. 품행 난을 고쳐 써달라고 담임선생에게 떼를 썼다. 어머니의 꾸지람보다 교무실 선생님들께 망신당하는 게 더 나을 성싶었다. 해가 지도록 서 있는 학생을 딱하게 여겼던지 담임선생은 정말로 다시 고쳐 써주셨다.

집에 돌아와 어머니께 모처럼 칭찬을 받고 있는데 아버지가 퇴근해서 언니를 부르셨다. 일찍이 그런 일이 없었는데 몹시 언짢은 표정이셨다. 아버지는 언니를 누구보다도 끔찍하게 여기셔서 야단친 일이 없었다.

"너희 학교 교장선생님이 전화하셨더구나. 이제 여학생이 되었으니 자존감을 가져야지."

집에 전화가 없던 시절. 억지를 쓰는 학생을 달래서 보내고 학교에서는 아버지에게 사무실로 연락을 했던 모양이었다. 언니가 무엇을 잘못했는지 알고 계시면서도 더 이상 나무라지 않으셨다. 자존감이 무슨 뜻인지 제대로 모른 채로 그날 저녁 커다란 종이에 "자존심을 갖자."라고 써서 책상 앞에 붙여놓았다.

졸업할 때 언니가 전주에서 제일 역사 깊은 전주국민학교로 발령을 받았다. 내가 그 학교 6학년 때였다.

어머니가 인문학교인 전주여고에 언니의 원서를 냈지만, 언니는 교사가 되고 싶다면서 사범학교를 택했다. 6·25전쟁 후였으니 피난 내려온 사람들로 초등학교마다 전교생이 수천 명씩이었다. 욕심 많고 매사에 앞서야 했던 언니는 일제고사는 물론 환경정리나 각종 행사에서도 자신이 담임한 반이 1등을 해야만 했다. 환경정리는 그림을 잘 그리는 오빠의 손길이, 연구수업 자료는 일본서적을 구해다가 풀이해주는 아버지의 도움이 컸다.

70명이 넘는 학급생 중 성적 부진아들을 가르치는 일도 거르지 않았다. 어쨌거나 언니의 이름 앞에는 모범교사, 우수교사라는 수식어가 늘 따라붙었고 서울 명문 학교로 발탁되었다.

어머니에게 들어본 일이 없는 '아버지의 그 한 말씀'이 언니의 삶을 바꿔놓은 계기가 되었음을 희수연이 있는 그날 처음 알게 되었다. 오라버니는 "우리 누나가 언제부터 모범생이 되었나 했었는데 그 불가사의가 수십 년이 지난 이제야 풀리었네."라며, 경탄을 금치 못했다.

그날 새로이 알게 된 사실은 동네 애들을 때린 것과 집에 물건들을 밖으로 펴 나른 것에 대한 언니의 억울한 심정이었

다. 지금은 오빠의 체구가 크지만 어릴 때는 늘 병약해서 또래들과 맞서지를 못했다. 그러다 보니 누가 오빠에게 손만 댔다 하면 아무리 덩치 큰 녀석이라도 맞서 싸워야 했다. 집에 가면 어머니가 경을 칠 것을 뻔히 알면서도 동생이 당하고 있는 것만은 참을 수 없었던 때문이다. 애먼 애들을 때려 본 일은 결코 한 번도 없었으며 또 집에 있는 것들을 송두리째 없앤 것은 집에는 사용하지 않고 많이 쌓인 것들을 하나도 갖지 못한 아이들이 딱해 보여서 그랬다고.

언니의 베푸는 마음은 우리 형제들만이 아니었다. 우리 아이들이 자랄 때도 그랬다. 어린이날이나 생일 때나 성탄절이면 동화책은 물론 빵을 한 보따리씩 들고 왔다. 그뿐인가. 애들 입학 때가 되면 어김없이 백화점에서 멋진 옷을 사 들고 왔다. 애들 어릴 때 사진에 박힌 예쁜 옷들은 모두 언니의 마음길이 닿은 옷들이다. 그렇게 자란 우리 애들은 이모가 저희들을 얼마나 알뜰히 챙겼는지 가늠이나 하고 지내는지 모르겠다.

홀로 걸어서 수십 리 길

학교와 집밖에 모르던 언니에게도 삶의 굴곡이 있었다. 젖먹이 딸을 데리고 혼자되어 생활을 감당해야 했다. 아버지 세상 뜨시고 공부가 제일이었던 오빠는 풀브라이트 장학생으로 미국유학을 떠났다. 언니 혼자 손에 고달픔이 켜켜이 쌓이고 있을 때 날벼락이 떨어졌다. 전주에서 잘나가던 교사들은 벽촌으로, 벽촌에 있던 교사들은 도시로 맞바꿈 하는 사상초유의 일이 벌어졌다. 1962년 박정희정권이 들어섰을 때였다.

언니는 백일도 안 된 갓난이를 어머니에게 맡기고 시골학교로 부임을 했다. 하루하루 견뎠지만 젖은 불고 갓난이가 눈에 밟혔다. 그 시절에는 분유 값이 한 달 월급과 맞먹었으므로 직장 여성들이 해산을 하면 그날로 일을 그만뒀다. 벽촌까지는 교통편이 없는 시절이었으니 끝내는 전주에서 새벽부터 길을 나섰다. 수십 리 길을 오가며 아기에게 젖을 먹였다.

그렇게 아기에게 밈이라도 먹이면서는 현지에 머물렀다. 하늘이 도우셨을까. 꼭 일 년 만에 전주로 오게 되었으니, 암행어사처럼 지방학교를 다니며 우수교사를 찾던 교육청에서 마침맞게 언니가 있는 마을에 염탐을 했던 것이다. 이 글을 쓰는 동안 나는 몇 번이나 창밖으로 시선을 옮겼다. 이른 새벽이면 어김없이 채비를 하던 언니의 그때 모습이 눈앞을 서성거려서다.

적은 월급을 쪼개어 매달 일본교육서적을 구독하고 연구자료를 찾고 교과지도를 준비하던 언니. 어찌하면 더 잘 가르치나 온 마음과 정성을 쏟던 모습. 어려운 가운데서도 문학전

집을 들여오고 《현대문학》을 구독한 언니 덕분에 나도 곁눈으로나마 그 덕을 톡톡히 보았음이다.

매월 언니를 기다리는 날이 있었다. 아니 바삭바삭한 전병을 기다렸다는 게 맞을 것이다. 어머니가 좋아하시는 슈크림빵과 전주풍년제과의 센베를 거의 빠트리지 않고 사왔다. 60년이 지난 지금에도 그 맛에 길들여진 나도 우리 애들도 즐겨 찾는 추억의 맛이 되었다.

오라버니가 유학가면서 두고 간 조카를 언니가 키웠고 팔십 노모를 모셨던 그 언니가 팔십을 넘겼다. 맏이라는 책임감으로 자신의 꿈을 접어야 했던 지난 세월, 바람 세찬 산기슭에 홀로 서서 눈비 마다않고 굳건히 자신의 위치를 지켜 낸 한 그루의 갈매나무. 그것은 가감 없는 내 언니의 모습이었다.(2018)

열 번째 가족사진

지난 5월 어느 날이었다. 온 가족이 가족사진을 찍기 위해 경복궁 뜰에 모였다. 그날도 여느 때처럼 경회루를 뒤로하고, 식구들이 앞에는 앉고 뒤에는 서서 짜임새를 갖추었다.

경복궁에서 가족사진을 찍기 시작한 지는 한참 되었다. 남편과 내가 50년 전 처음 창경원 장서각藏書閣에서 찍은 사진을 시작으로 다섯 해에 한 번씩 아이들의 자라는 모습을 담아왔다. 그러다가 90년대 중반 창경궁 복원으로 장서각이 헐리면서 여섯 번째 사진부터는 경회루로 옮겨 오늘에 이른다.

우리 가족의 삶을 어찌 사진 한 장으로 다 형상화할 수 있을까마는, 해를 거듭하면서 장성한 딸들이 제 짝을 보태고, 며느리들이 합쳐지면서 사진 속 식구들이 어언 열다섯에 이르렀다. 50년째가 되는 올 해는 그간에 늘어난 손자들 덕분인지 유독 옹골지다 싶은 감회를 안겨줬다.

단지 사진만을 연출하기 위해서일까. 화창한 날씨와 싱그러운 초목들, 춥지도 덥지도 않게 살랑대는 바람까지도 마음껏 누리고 싶었다. 그래서 경복궁 나들이를 약속한 5월 어느 하루를, 식구들 모두가 여느 명절보다 더 손꼽아 기다리는지도 모를 일이었다.

사진 촬영을 끝내고 준비해온 간식을 나누며 쉬고 있을 때였다. 막내아들이 내손을 잡아끌며 의자에 앉게 했다. 멋진 사진을 준비하고 있으니 어머니 아버지는 활짝 웃으시라면서 눈을 찡긋했다. 그 말이 떨어지자, 온 식구가 저만큼 떨어져서 덩달아 "아버지 웃으세요. 할머니 치즈!" 하며 재롱을 부렸다.

여러 해를 두고 신병으로 고생하는 어미에게 영정사진을 준비하고 싶다는 말을 차마 건넬 수가 없었단다. 오늘처럼 즐거운 날, 우리 가족의 추억이 깃든 경복궁에서 부모님 영정사진을 예비하는 일이 마땅하다 싶어 이리들 부산을 떠는 게다 싶었다.

그때였다. 카메라를 든 젊은이가 우리 쪽으로 왔다. 자신은 KBS방송국에서 〈다큐멘터리 3일〉을 제작하는 피디인데, 우리 가족사진을 찍고 있는 걸 처음부터 내내 지켜보았다면서 우리 가족들과 인터뷰를 하고 싶다는 얘기를 했다.

그런 일이 있은 후 어느 날 아침부터 전화기가 바쁘게 울렸다. 지난밤에 우리 가족들을 TV에서 봤다는 얘기였다. 그로부터 뜬금없이 매스컴을 탄 우리 식구들이 한동안 화젯거리가 되었다. 그 일이 잊힐 즈음, 막내아들의 전화를 받았다. 첫 마디가, "우리 식구들 세계여행 갈 수 있겠어요."였다.

이야긴즉 어느 대기업에서 '가족'이라는 주제로 홍보물을 준비하고 있었다. 마침 〈다큐멘터리 3일〉에 방영된 우리 가족을 보았다. 사내에서는 우리 가족으로 결정했으니 우리만 허락하면 된다는 내용이었다.

남편은 반색을 했지만 나는 떨떠름했다. 아무리 이미지 처리를 한다지만 그 큰 전광판에 비칠 내 모양새가 우려됐기 때문이었다. 그런데, 그보다 더한 복병이 따로 나타났다. 매사에 적극적이고 호의적이던 작은딸이 막무가내로 고집을 피웠다. 처음부터 '아니오.'라는 의사 표시를 했지만, 서서히 설득하면 되리라 낙관하던 막내아들이 영 난감해지고 말았다.

정이 많은 막내아들은 되레 회사 담당 직원들을 염려했다. 그쪽에서는 식구 하나쯤 금방 설득되리라 생각하고 상부에 보고까지 끝낸 상황인데 자신들의 거취문제가 달렸다고 사정을 해왔다. 방법이 전혀 없는 것은 아니라면서, 편집할 때 딸네식구들을 영상에서 지울 수 있다는 말을 아들에게 다시 전했다.

미국에 머물고 있는 큰딸도 어떻게 진행되어 가는지 자주 물어왔다. 작은딸의 얘긴즉, 대학에 다니는 제 딸을 보호하고 싶어서라고 했다. 하도 세상이 험하다 보니 어디에라도 드러내는 일이 조심스럽다는 것이었다.

전후 사정을 들은 남편은 몹시 섭섭해 했다. '○○○ 할아버지의 가족사'라는 제목을 놓치기가 아쉬운 모양이었다. 큰아들은 아버지를 이해시키느라 애를 썼다. 저도 스물 안팎의 나이였다면 싫다고 했을 것이라면서 광고비를 아무리 많이 준다 해도 버젓이 옆에 있는 내 가족을, 설혹 파렴치범이라 해도 어떻게 사진에서 지울 수 있겠냐면서 제 누나의 뜻을 존중하고 싶다고 했다.

세상이 많이 바뀌긴 했다. 얼마 전까지만 해도 동네 사진관이나 시내 중심가에 있는 유명 사진관 쇼윈도에는 커다란 가족사진이 걸개에 걸려 있었다. 그렇게 다정한 모습으로 사진관에 걸려 있는 집들은 아주 자랑스럽게 여겼었다. 그러던 일이 이젠 텔레비전 속에서나 볼 수 있는 별스러운 일이 되었나 싶다.

우리의 정서로는 3대가 모여 열다섯이면 그리 놀랄 일도 아니건만, '대가족'이라고 매스컴에서 시선을 받았다. 그 바람에 광고 제의를 받으면서 생각지 않은 목돈으로 온 가족이 세계여행을 떠날 수 있다는 꿈을 펼쳐보기도 했다. 예전 같으면 그런 일을 동네에 알려 서로 축하하고 반길 수 있는 일이 아닌가. 이젠 앞서가는 정보화시대의 해악으로 반기기보다 저어하고 피할 일이 되었으니 그런 현실이 못내 씁쓸하기만 하다.

광고로 해서 어른들에게는 지난 삶을 반추하며 즐거운 시간이 될 것이고, 자라는 아이들에게는 두고두고 재미있는 얘깃거리가 되어, 긴 세월이 흐른 뒤 그때를 회상하며 이러저러한 일들을 추억하고 그리워할 것이 아니던가. 비록 한여름 날의 뜬구름 같은 사연이었지만 잠시는 무더위도 잊고 지낸 날들이었다.

아무리 세상이 바뀌어도 여전히 변하지 않을 것이 있다. 우리 가족사진이다. 오늘도 우리 가족 열다섯을 가장 무늬 곱게 간직해 줄 올해의 가족사진 앞에서 하나하나와 눈을 맞추고 있다.(2015)

10년 만의 나들이

늘 바라보았던 창밖이 아니다. 마냥 푸르다. 햇살도 말갛고 바람도 달보드레하다. 멀리 바라다 뵈는 바다에는 5월의 햇살이 눈부시게 내리고 있다. 어느 해 초여름부터 병고로 시달려 온 후 10년만의 제주도 나들인 게다.

제주도에 오게 된 사연은 이러하다. 지난겨울부터 아이들이 내 건강이 무던해지면서 일본 온천을 다녀오자고 했다. 어림없는 얘기다 싶어 가볍게 넘겼다. 그러자 제주도는 좀 가까우니 생각해보라면서 다시 이야기가 되었다. 서울은 도로 사정이 좋다고는 하지만 허리 때문에 몹시 고생하는 나로서는 그마저 편편찮았다. 교회하고 병원길 외에는 아무 데도 가지를 못했다. 강남에 살고 있는 애들 집에 가는 일도 십 년이 넘도록 엄두를 못 냈었다.

막내아들이 다시 한 차례 저의 계획을 털어놓았다. "제주공

항에서 중문단지까지는 서울 도로에 비할 수 없을 만큼 편편하다. 저희들은 30분이면 갈 수 있지만 어머니를 모시고 가면 한 시간이나 그보다 더 걸려도 괜찮다. 중간 중간에 쉬면서 어머니는 차에 누웠거나 그도 편치 않으면 돗자리를 준비해서 마땅한 곳에 눕기도 하면서 쉬엄쉬엄 가보자. 식구끼리 가는데 시간이 많이 걸린들 무슨 대수겠는가."라는, 거침없는 열변이었다.

막내의 생각을 듣고 있자니 나는 어느새 비행기에 오르기라도 한 양 가슴이 뛰었다. 그러면서도 머뭇거리고 망설이기를 며칠째였다. 노면路面이 서울보다 낫다는 말이 무엇보다도 솔깃하게 했다. 또 하나 그 애가 운전을 할 때면 으레 맨홀이나 어지간한 턱 등 숱한 장애물들을 세심하게 살펴 안전운행을 하므로 항상 편안했다. 그 어려웠던 병원 길도 그 애랑 함께라면 안심을 했었다. 그러니 어련할까. 그 애를 믿어보기로 했다. 자식들이 넷이나 가는데 마음 놓고 다녀오기로 결정을 하게 된 것이다.

출발 일정을 정하고 나니 하루하루가 느리기만 했다. 어릴 때 소풍날 받아놓았을 때와 다르지 않았다. 아이들과 함께 먼 길 가는 게 처음의 일이라서 더욱 설레었다. 내가 아프기 전에는 한참 나이의 애들이 저희 살림 챙기고 어린 새끼들 돌보느라 여유가 없었다. 정작 그 애들이 숨을 돌릴 만하니 내가 주저앉고 말았다. 어디에도 가지 못하는 어미를 위해 언젠가는 집에서 멀지 않은 호텔에 딸린 레지던스 하나를 얻어서 온 식구가 모였다. 오랜만에 집을 떠나 밖에서 함께 묵으니 그럴싸한 여행지였다.

막상 비행기에 오르고 보니 내게는 닿을 수 없는 별이거니 생각했던 게 언제인가 싶었다. 참말 비행기를 탔구나! 하는 실감이 생전 처음 비행기를 탔을 때보다도 더 감격스러웠다. 햇살도 찬연했고 솜처럼 펼쳐진 새하얀 구름도 처음 보는 듯 신기했다.

탑승할 때까지, 내려서 차에 오를 때까지 예약해둔 휠체어 덕분에 불편이 없었다. 수속을 끝내고 비행기에 탑승하러 가는 길이 한참이나 멀어서 어쩌나 했었지만 막내의 말대로 만반의 준비가 되어 있었다. 이처럼 걸음을 뗀 제주 나들이가 봄가을로 이어졌다. 막내의 배려는 그지없었다. 어미 혼자선 심심하다며 제 이모를 동행하게 해서 여정을 느긋이 즐기게도 했다. 남들처럼 여기저기 다닐 수는 없었지만, 내 형편으론 그 모든 게 과분하기만 했다.

지난해 가을에는 작은딸까지도 합세했다. 세계 여러 나라 오십 여종의 동백꽃들이 있는 '카멜리아 힐'에 갔다. 우리 베란다 동백꽃이 제일이라 여겼는데, 커다란 나무에 색색으로 수놓인 꽃들을 보고 또 쳐다봤다. 나무 아래 떨어진 붉고 흰 꽃송이들이 애잔해서 뒤돌아 다시 보고 또 보며 걸음을 옮겼다.

큰아들네와 같이 본 울산 태화강변 꽃양귀비는 무엇에도 비길 바 없이 화사했다. 광활한 대지에 펼쳐진 붉은 양귀비꽃 물결이 아직도 선연하다. 우리 베란다가 아니고 밖에서 그리 고운 꽃들을 볼 수 있음이 꿈만 같았다.

몇 번을 생각해도 여기까지 오기가 참으로 더뎠다. 여느 사람들은 하루하루가 별거 아니라고 생각할 수 있을 것이다. 아무것도 아닌 그 일상에 나는 애를 태웠다. 그랬던 내게 제주도까지의 여정은 기적이 아니고 무엇이랴. 오늘처럼의 영화가 아직까지 내게 남아있었으리라 어찌 짐작이나 했을까.

어렵고 힘든 고비가 숱했던 날들, 마음속 바라는 게 셀 수 없이 많기도 했다. 이제 한 걸음을 내디뎠으니 천천히, 천천히 이루어가다 보면 더 먼 곳을 향한 꿈도 이룰 수 있으리라. 언제나 나를 지켜주신 주님께 감사하며 세심하게 마음 써준 애들과 잘 견뎌준 내 자신에게 고마움을 전한다. 참으로 오붓하고 옹골진 10년 만의 나들이였다.(2018) ✹

은방울꽃

아파트에 살고 있는지 여러 해가 지났지만 바로 가까이에 손공을 들여 잘 가꾼 야생화꽃밭이 있다는 것을 알지 못했다. 짐작건대 들며나며 오가는 길목이 아니고 조금은 외지고 발길이 뜸한 구석진 곳이어서 그런 것 같다. 잦은 병원 길에 더 가까운 길이 없을까 찾아다니다 보니 아파트 끄트머리쯤에 지름길이 있다는 것을 알게 되었다. 그 길을 지나다가 뜻밖에 그 야생화꽃밭에 이르렀다.

그날 이후 도우미와 함께 두어 걸음씩 옮겨 꽃들을 만나러 갔다. 희고 노랗고 보라색인 제비꽃과 할미꽃들이 앞다퉈 피고 졌다. 어쩌다 눈길이 가서 멎은 곳, 철쭉나무 아래에 은방울꽃이 웃음꽃인 양 피어 있었다. 하얀 작은 꽃이 잎 사이에서 비스듬히 나온 꽃줄기 끝에 작은 종 모양으로 조롱조롱 아래를 향해 피어 있었다. 한 줄기에 열 송이 정도는 매달려있었다. 나는 한참 동안이나 고 작은 은방울꽃들에서 눈을 떼지 않았다. 눈처럼 하얗게 무리 지은 꽃들을 바라보면서 마치 여학교 때 하복을 입은 소녀들이 등나무 아래 모여앉아 재잘거리고 있는 것 같았다. 우리 여학교의 교화校花가 은방울꽃이었다.

머리를 수그리고 한참이나 내려다봤다. 바람이 불자 은은한 향이 풍겨왔다. 바람 따라 흔들리는 꽃송이에서 오빠의 음성이 들리는 것만 같았다. 그 시절에는 중 · 고등학교 모두 입학시험을 치르던 때였다. 전주여고 합격자 발표가 있던 날 저녁이었다. 오빠는 내 손을 잡고 전주 중앙동 거리를 활보하며 큰 소리로 노래를 부르는 것으로 모자라, 만나는 사람마다 내 동생이 전주여고에 합격을 했다고 자랑을 했다.

입시비율이 높기는 했지만 나는 별스레 걱정을 해본 일이 없었다. 하지만 나이 들어 생각하기로는 내가 퍽 시원찮아 보였지 싶어지기도 했다. 그런 게 아니라면 매사에 체면을 앞세우는 오빠가 대로에서 노래를 부르며 그렇게 좋아할 리가 없지 않았을까. 참으로 아슬아슬했었구나 싶은 마음으로 이제야 가슴을 쓸어안는다.

꽃밭을 다시 한 차례 둘러본다. 오랜만에 만나는 은방울꽃으로 해서 수십 년 전으로 돌아가 보았다. 언제 그토록 예쁜 꽃을 피웠나 싶도록 시방 시들어 가고 있는 꽃들도 있다. 추위를 이기고 어여쁜 꽃을 피워낸 야생화들을 보면서 남은 삶을 아름답게 꾸리리라 다짐한다.(2018)

내 하루하루는 무지개 뜨는 날이었습니다

바느질감을 내려놓고 잠시 쉬고 있다. 재봉틀을 쓰면 하루거리도 아닌데, 손바느질을 하다 보니 더디고 더디다. 한더위에 시작했는데 어느새 선선해졌다. 몸이 불편하여 바느질하는 시간보다 쉬는 시간이 더 많다. 그러긴 해도 날이 갈수록 한 가지 또 한 가지씩 가짓수가 불어나는 게 여간만 옹골진 게 아니다. 아직은 배냇저고리와 턱받이, 딸랑이 그리고 모자 정도를 마무리한 채다. 몇 가지가 더 남았지만 쉬엄쉬엄 해나갈 것이다. 내 손으로 만든 것인가 믿기지 않게 앙증스럽다. 만져보고 또 만져본다.

가을이면 큰아들의 아기가 태어난다. 우리 집에서 처음 맞이하는 장손이다. 그 옛날 젊었을 때도 아이마다 배내옷을 만들었었다. 그때는 예쁘게 지어서 자랑하고픈 맘이 더 컸다. 지금은 바늘땀이 늘어갈 때마다 감회가 남다르다. 큰아들이 애기였을 때의 일이 아직도 선명해서다.

외아들로 늦은 나이에 혼인한 남편은 아들을 무척 기다렸다. 어쩐 일인지 나는 자연유산이 잦았다. 어렵게 딸 둘을 얻었지만, 시어른들의 홀대가 심했다. 둘째 딸을 안고 시댁에 갔을 때는 눈보라가 치는 날이었다. 그날 저녁에도 나는 갓난이와 함께 냉방에서 지새야만 했다. 수십 년이 지난 지금에도 그때 시어머님은 어찌해서 나를 냉방으로 보냈으며, 그 모든 것을 지켜본 남편은 그럼에도 불구하고 따뜻한 방에서 부모님들과 함께 잠을 잘 수가 있었는지 물어 본 일이 없다.

거듭되는 유산으로 심신이 피폐해질 대로 피폐해질 즈음, 큰아들이 생겼다. "아들입니다." 하는 의사의 말에 나는 "참말이냐?"고 두어 번 묻다가 그만이나 까무러쳐버렸다. 정신 줄을 놨으면서도 '참말로 아들이냐.' 고 헛소리를 거듭했단다.

그 아들이 백일이 될 무렵, 나는 병원을 드나들게 되었다. 그때 전주예수병원에는 선교사로 와서 진료하는 미국인 의사들이 있었다. 의사는 내 가슴에 있는 멍울이 심상찮다면서 수술을 서둘렀다. 나는 생명이 위험하다는 말에도 흔들리지 않았는데, 수유를 할 수 없다는 말에는 마음 한 편이 힘없이 허물어졌다. 우유 수유를 어찌 모를까마는 언제일지 모르는 그날까지라도 아기에게 젖을 먹이고 싶었다.

그러던 하루, 마음을 다잡고 집일을 도와주는 처녀에게 자초지종을 털어놨다. “순덕아, 우리 아기를 돌볼 사람은 너밖에 없단다. 아기가 제 손으로 숟가락을 들 수 있을 때면 서너 살쯤 될 것 아니겠냐. 그때쯤이면 아저씨가 새사람을 들인다 해도, 아기가 큰 짐이 안 될 것 같으니….” 영문도 모르는 네 살, 두 살짜리 딸들이, 어미 옆에서 인형 놀이를 하고 있는 것을 보니, 목이 메어 더는 말을 잇지 못했다.

그렇게 눈물바람을 한 지 어언 40여 년이 지난 오늘. 떡애기였던 그 아기가 성가를 해서 아빠가 될 날을 기다리고 있다. 죽음도 두렵지 않고 오직 새 생명만이 소중했던 그때. 큰 탈 없이 위기를 넘길 수 있었음은 하늘의 도움이었으리라. 세월은 가버렸지만, 나는 안타까웠던 그 시절을 기억하며 배내옷을 만들고 있다.

종이에 밑그림을 그리고, 헝겊에 본을 떠 마름질을 할 때부터 가슴이 설레었다. 듬성듬성 시침질을 해서 꿰매고, 뒤집어서 다시 한 번 홈질을 했다. 실 땀이 겉으로 드러나지만, 솔기가 아기의 여린 피부에 닿지 않게 하려는 것이다. 바늘땀을 시작하고 마무릴 때도 홀치거나 매듭짓지 않았다. 촘촘하게 호았다. 세상에 나와 처음 입는 옷에 매듭을 만들고 싶지 않았다. 옷을 만들기 시작할 때는 아기에게 줄 선물이라고 여겼다. 어쩌다 힘에 부칠 때는 누워서 꿰매기도 했지만, 내가 누리는 기쁨이 더 컸다.

40여 년 전 그때는 아들이 세상에 나와 내 얼굴에 웃음꽃을 선물했고, 이제는 아직 만나지 못한 아기가, 여름 내내 내 얼굴에 웃음꽃을 피게 했으니, 이보다 더 큰 효도가 어디 있을까. 물질이나 몸으로 도와줄 수 없는 나로서는 바늘땀마다에 '아기가 자라며 강하여지고 지혜가 충만하며 어미 아비의 기쁨이 되어라!' 고 오롯이 기원을 담았다.

예년에 없이 더위가 극심했다는 올 여름이었지만, 내게는 하루하루가 무지개 뜨는 날이었다. 바느질실 한 가닥에 빨강 파랑 노랑 분홍 초록 등, 알록달록 물들여졌으니 한 땀 한 땀 바늘땀이 이어진 솔기마다 무지개가 그려졌다.

"참말로 아들이라니까요." 너털웃음 속에 섞여 들려오던 그때 그 담당의사의 대답. 그 한마디가 지금도 귓가에 생생하다. '이제 안 쫓겨나도 되겠구나!' 라는 안도감으로 세상을 다 얻은 것 같던 그날. 그 후, 둘째 아들로 해서 내 입지는 굳어지게 되었다. 아들만 내리 둘을 주실 때, '기왕이면 딸 아들 섞바꿔서 주셨으면 그렇게 애를 태우지 않아도 되지 않았을까.' 라는 생각으로 피식 웃어 보았었다.

싸목싸목 하다 보니 배냇저고리 둘을 더 만들었다. 둥글납작하게 생긴 손싸개를 꿰맬 때는 단풍잎 닮은 작은 손을 그려봤고, 발싸개를 만들 때는 꼼지락거리는 발가락을 상상해봤다. 아기를 감쌀 보자기 가장자리를 박음질하면서는, 새근새근 잠든 갓난이를 포옥 싸안고 있을 내 모습을 떠올렸다. 배내옷 여며지는 앞 단에 SHIN이라는 성씨를 수놓음으로 모두 마무리를 지었다.

바늘쌈에 바늘을 꽂아놓고, 무지개색실을 실패에 감아 반짇고리에 가지런히 담으면서, 어서 그날이 왔으면 하는 마음으로 두 손을 모은다.(2012) ✹

| 제2부 |

빈 벽을 바라보며

귀향

안평대군이 어느 날 꿈을 꾸었다. 다음날 그는 화가 안견을 불러 꿈 이야기를 시작했다. "어느 산 아래 당도하였는데 층층이 뫼부리가 우뚝 우뚝 솟아 있고, 깊은 골짜기는 복사나무가 어우러졌으며, 산벼랑이 울툭불툭하고 나무숲은 빽빽한데 시냇물은 굽이굽이 거의 백 굽이를 휘어져 돌아 사람의 정신을 홀리는 성싶었다."

세종대왕의 셋째 왕자인 그는 학문과 서화, 음악에 두루 탁월했으며 특히 안견을 총애했다. 꿈 이야기를 들은 안견은 당일 저녁부터 사흘 낮밤을 오로지 그림에 매달려서 안평대군이 꿈에 보았다는 정경을 완성하였다. 두루마리 왼쪽 아래쪽에서 오른쪽 위로 이야기가 전개되는, 어떤 그림에서도 찾아볼 수 없는 독창적인 구성이었다. 그림을 본 안평대군은 이렇게 시를 읊었다.

이 세상 어느 곳이 꿈에 본 도원인가
은자隱者의 옷차림새 아직도 눈에 선하거늘
그림 그려 바라보니 참으로 좋을시고
천년을 이대로 전하여 봄 직하지 않은가

〈몽유도원도夢遊桃源圖〉의 탄생이었다. 그림이 한국에서 처음 전시된 것은 1986년이라는데 미처 몰랐고, 1996년 호암미술관 '조선전기국보전'에서 처음 보았다. 그림을 다시 만나러 간 것은 2009년 국립중앙박물관 개관 100년 전에서다. 시절도 달라져 있었다. 13년 전만 해도 크게 알려져 있지 않아서인지 내가 관람을 독차지할 수 있었다. 다리가 아프면 의자를 찾아 잠시 쉬다가 다시 그림 앞으로, 그렇게 사흘 동안이나 호사를 누렸었다. 그러했던 〈몽유도원도〉가 수십 미터나 좋이 되는 인파를 줄 세우며 대대적인 각광을 받게 되었으니 참으로 보람이 겹구나 싶었다.

긴 기다림 끝에 〈몽유도원도〉와 대면했다. 반가움으로 들뜬 나는 손이라도 잡으려는 듯 불쑥 두 손을 내밀고 말았다. 차가운 유리가 내 손을 가로막지 않았다면 어쩌면 그림을 덥석 만졌을는지도 모른다.

화폭에는 야트막한 산길에 바위들이 좌측 아래에서 오른쪽 위로 향하여 그려져 있고, 기괴한 바위들이 둘러진 험한 산세

너머에 〈무릉도원〉이 펼쳐져 있었다. 발그레한 꽃빛깔 사이사이 금분으로 채색한 꽃술. 연둣빛 어린 잎새의 복사꽃밭에 안개가 너울처럼 드리웠다. 금박을 입힌 꽃술이 가무잡잡하니 조금 변했을 뿐, 금방이라도 붓을 놓고 일어선 듯 연분홍 꽃들이 막 피어난 듯 화사했다.

그런데 새삼 눈에 뜨인 것이 있었다. 2미터가 될까 싶게 길게 펼쳐진 두루마리에는 그림 옆으로 낯선 한자漢字가 점점이 씌어 있었다. 1996년 호암에서는 그 한자로 쓰인 부분이 없었다. 어리둥절해 하고 있던 나는 조금 앞에 서 계시던 백발이 성성한 어른의 뜻풀이 덕분에 그 한자들이 시문詩文임을 귀담았다.

그 시문은 안평대군의 표제와 발문 그리고 집현전의 신숙주 성삼문 박팽년 등의 것이며, 그림과 시문이 두 개의 두루마리로 나뉘어 있다는 것을 알게 되었다. 어쩌면 일본에서 표구하는 과정에서 그리 나뉜 게 아닌가 짐작을 할 뿐이라고 들었다.

학문과 예술을 사랑한 왕자의 하룻밤 꿈이 그가 각별히 아낀 중인 화가의 재능으로 그려졌고 당대최고의 이십여 학자, 문인들이 찬시讚詩를 덧입혔다. 그게 1447년이고 〈몽유도원도〉란 이름은 3년 후 안평대군이 스스로 붙였다. 낭만적인 이야기다. 그러나 그들의 몽유도원 시대는 오래가지 못했다.

계유정란으로 수양대군이 반대파를 숙청하며 안평대군이 죽임을 당했고 그림도 함께 없어졌다. 세상에 단 6년간 존재했다가 역사의 소용돌이에 휘말려 사라졌던 〈몽유도원도〉가 다시 모습을 드러낸 곳은 1893년 일본 가고시마다. 주인은 임진왜란 때 출정한 가고시마 영주의 후손이다. 그림 주인은 감정을 받을 요량으로 나이토고난 교수를 찾아왔다가 임진왜란의 노획물이었음을 알게 되었다. 지금은 일본의 덴리대학天里大學 중앙도서관에서 소장하고 있다.

덴리대학으로 넘어 가기 전 1946년에 우리 중앙박물관에 그 그림을 사라는 연락이 왔지만 국내 사정이 어려워 이루어지지 못했다고 한다.

560년이 더 된 작품이다. 종이의 수명이 아무리 길다 해도 천 년이며 비단이 오백 년이라 하는데, 지금까지 온전한 상태로 보관된 것이 무엇보다도 고마운 일이다. 하지만 〈몽유도원도〉는 아직 일본에 있다. 일본으로 유출된 우리 문화재들의 슬픈 역사가 어찌 〈몽유도원도〉뿐이랴. 요즘 반환을 요청하지만 엄밀히 따지면 밀반출이 아니라기에 정식으로 요청할 수는 없다고 한다.

전시실을 나오면서 잠시 옛날에 읽었던 이야기 하나가 떠올랐다. 안평대군의 사람들이 모두 참화를 겪은 계유정난 때에 그의 그림자 같던 안견이 어찌 살아남았을까. 김종서의 어린 두 아들까지 참변을 당하는 것을 지켜본 안견은 그날도 여느 때처럼 안평대군의 사랑으로 들어섰다. 그 무렵 중국에서 들여온 귀한 먹으로 그림을 치고 있는 안평대군이 잠깐 자리를 비웠다 돌아와 보니 벼루에 있어야 할 먹이 없어졌다. 여기저기 찾고 있는 데 안견이 일어서는 순간 안평대군이 찾던 그 먹이 그의 소맷자락에서 방바닥으로 떨어졌다.

이 일로 안평대군은 안견을 내쳤고 덕분에 화를 면한다. 짐짓 먹을 떨어뜨리고 돌아서는 그의 발걸음이 어떠했을까. 그가 자신에게 베푼 도타운 정을 어찌 모를까. 신의를 생각했을 것이지만 자식을 어찌 죽음으로 내몰 수 있으랴. 훔친 먹을 소맷자락에 숨겨 재앙을 면한 안견. 그가 떠난 지 어언 600여 년. 그 후 안견의 이야기는 전해지는 게 아무것도 없다. 작품 활동을 했다면 어떤 형태로든 다소나마 남아 있지 않았을까.

몇 백 년이 지난 지금까지도 〈몽유도원도〉에 견줄만 한 산수화가 나오지 않았다고 얘기들을 한다.

봄날 화사하기만 한 복사꽃도 며칠이 지나면 다 사라진다. 꿈에 본 도원처럼 〈몽유도원도〉의 친정나들이도 아흐레 동안 관람객들의 환호와 각별한 애정 속에서 막을 내린다. 일본이 국보급으로 관리하고 있는 작품을 호락호락 내줄 리는 만무할 터, 〈몽유도원도〉에는 그의 얼이 담겨있을 것이다. 간간 나들이를 할 수 있어라. 언제쯤 그의 온전한 귀향이 이루어지려나? 전시장을 나오는 내 발길이 천근만근이었다.(2018)

〈송어〉를 들으면서

나는 지금 TV영상으로 지휘자 다니엘 바렌보임의 '70회 생일기념연주회'를 시청하고 있다. 연주 곡목은 슈베르트의 피아노5중주 〈송어〉다. 바렌보임을 주축으로 젊은이들 넷이 무대에 섰다. 그들의 연주에 귀기울이다 보니 오랫동안 가슴 속에 각인되었던 영상이 떠오른다.

그 영상은 오래전 자클린 뒤 프레와 그녀의 남편이었던 바렌보임과 아이작 펄만 · 핑커스 주커만 · 주빈 메타와 함께 〈송어〉를 연주한 또 다른 동영상이다. 세계적으로 이름을 떨치는 이십대의 젊은이들이었으니, 비록 화면에서지만 그 자체만으로도 빛나는 무대였다.

피아노와 네 개의 현악기 연주자들이 서로의 눈빛을 교감하며, 변주되는 〈송어〉 멜로디를 주거니 받거니 노닐고 있었다. 경쾌한 멜로디는 마치 맑은 시냇가에서 송어가 뛰어놀고 있는 것처럼 들렸다. 낚시꾼이 낚시를 드리워도 물이 맑아서 고기가 안 잡히므로 일부러 물을 흐려놓고 고기를 잡는다는 이야기의 음악이다.

그들 다섯 사람은 평소에 가까운 친구들이었다. 바이올린 연주자인 핑커스 주커만이 비올라를, 제2바이올린 대신에 당시 지휘자인 주빈 메타가 더블베이스를 맡았다. 예외적인 악기편성에 놀라웠으며, 자신을 내세우지 않고 새로운 하모니를 만드는 완숙된 연주에 감탄을 했다.

눈길을 뗄 수 없었던 연주자가 재클린 뒤 프레와 바렌보임이었다. 그 동영상은 두 사람이 결혼해서 두 해가 지난 1969년에 연주한 작품이었다. 기회가 있으면 꼭 한 번 실연을 보고 싶었는데 마침맞게 영상으로 만날 수 있었다. 내가 화면으로 만났을 당시인 1980년경에는 그들은 이미 남남이 되었고 뒤프레는 병중에 있을 때였다.

어린 시절부터 신동이라고 불리었던 뒤 프레는 피아니스트인 어머니에게서 네 살 때 첼로를 선물 받아 당대 거장들에게서 공부를 했다. 열여섯에 런던과 뉴욕에서 데뷔무대를 가져 세계적인 첼리스트로 이름을 떨치게 되었다.

영국의 자랑이었던 그녀가 스물세 살이 되면서 바렌보임과 결혼을 강행했다. 유대교로 개종은 물론 영국 국적도 버렸다. 결혼 후, 활발하게 활동을 하던 그의 열정적인 연주가 시원찮아졌다. 연주 도중 활을 놓치는 일이 잦았다. 바렌보임은 물론이지만 비평가들의 혹평도 뒤따랐다. 뇌세포가 굳어져 시력이 나빠지고, 근육이 마비되어 더는 연주할 수 없다는 진단을 받았다. 그녀의 나이 스물여덟이었다.

바렌보임과의 결혼 생활은 5년여로 끝이 났다. 바렌보임도 이미 그녀 곁을 떠나 러시아 여인 피아니스트와의 사이에 아이를 두고 있었다.

뒤 프레는 후진 양성에 마음을 쏟았다. 병은 더욱 깊어졌다. 몸을 움직이는 것도, 읽고 말하는 것도 불가능해졌다. 그녀가 생명처럼 아끼던 악기 스트라디바리를 다른 첼리스트에게 물려주었다. 뒤 프레가 할 수 있는 것은 바렌보임과 연주했던 엘가의 〈첼로협주곡〉을 듣는 일뿐이었다. 오랜 병상생활로 사람들 기억 속에서 잊힐 즈음, 생을 마쳤다.

눈앞에 펼쳐지는 바렘보임의 연주는 건성인 채 자꾸만 뒤 프레 생각에 빠져드는 것은 어인 일일까. 바렌보임은 그녀가 병으로 고통받고 있을 때도 그랬고, 죽음 이후에도 그녀의 무덤을 한 번도 찾지 않았던 사람이다. 그런 이야기를 들은 이후 나는 지금껏 바렌보임의 연주를 듣지 않았다. 그런 내가 굳이 그의 70회 생일연주회를 기억하는 것은 그 옛날 뒤프레와 연주했던 〈송어〉를 들으면서 그녀를 그려보고 싶었기 때문이다.

일상의 행복과 예술적인 것은 병행할 수 없는 것일까. 긴 병치레에서 오는 외로움, 삶의 전부였던 첼로를 먼빛으로도 볼 수 없고, 만져볼 수도 없는 그녀의 절망감이 유독 가슴을 아리게 했다. 내가 병고로 오랫동안 거동을 할 수 없어 천장만 쳐다보고 있을 때의 내 처지와 다르지 않았다.

갈봄을 창밖으로만 바라보며 지냈던 나날들. 오직 쓰고 싶은 간절함은 비할 데가 없었다. 누워서 가슴에 자판을 얹고 ㄱ·ㄴ·ㄷ 자음 하나 모음 하나가 어우러져 글꼴을 이루면, 한 글자 또 한 글자를 모으던 참담한 마음이 생각나서였으리라.

만약 그녀가 생존하여 한때 찬란했던 영광의 잔광殘光만을 누리고 있다면, 그 또한 서글픈 일이 아닐까. 차라리 벚꽃처럼 져 버려서 더 애틋할 것이라고 아픈 마음을 달래본다.

갑자기 세찬 박수 소리에 놀라 시선을 화면으로 옮겼다. 피아노 건반에서 손을 뗀 바렌보임은 눈을 감고 한참이나 그냥 앉아 있다. 나는 그의 곁에 그 옛날 푸른 드레스를 입고 첼로를 안고 있는 뒤 프레를 앉혀본다. 사랑하는 사람을 버리면서까지 세계적인 명성에 매달린 바렌모임. 오늘 그가 〈송어〉를 선곡한 것은 현존하는 거장들과 함께했던 젊은 시절을 돌아보고 싶어서였을까. 아니면 희미하게나마 그림자로 남아 있는 뒤 프레를 생각해서였을까.(2013)

음악의 'ㅇ' 도 싫어요

'마에스트로 정명훈과 함께하는 음악이야기'를 텔레비전으로 시청했다. 어린 학생들이 우리나라 제일가는 세종문화회관에 앉아 있는 것만으로도 흥분이 되는지 여기저기서 웅성웅성하는 모습이 카메라에 잡혀 도드라져 보인다. 시작을 알리는 멘트와 함께 시향 단원들이 악기를 들고 한 사람씩 무대를 향해 걸어 나온다. 나올 때마다 들고 있는 악기의 선율이 흘러나오고 사회자가 그 악기의 이름과 구조, 그리고 소리의 특성에 대한 설명을 곁들였다.

곧바로 베토벤 3번 교향곡 3악장의 연주가 이어지고 연주를 끝낸 단원들이 자리를 떴다. 그 다음 지휘자 정명훈 씨가 다시 무대 중앙에 서고 학생들을 향해 이야기를 시작했다.

"내가 어렸을 적에 저 음악을 처음 들으면서 나도 꼭 한 번 지휘를 해보고 싶다는 생각을 했어요. 여러분도 이 곡을 듣고

서 저와 똑같은 꿈을 가져 보세요." 짤막했지만 그가 음악을 하게 된 경위와 음악과 얽힌 일화 등을 쉽게 풀어서 들려주었다. 그러면서 이 음악을 감상한 소감을 적어서 보내달라고 했다. 가장 잘 쓴 감상문을 뽑아서 손수 깎은 지휘봉을 선물하겠노라며 지휘봉을 든 손을 머리 위쪽으로 높이 쳐들어 보인다.

그 장면 앞에서 나는 문득 우리 큰아들의 어릴 적 어느 하루를 떠올리고 있었다. 그 아이의 유치원 때였다. 악기를 가르치고 싶었는데 한사코 마다했다. 무엇보다도 충격적인 말은 "음악의 'ㅇ' 자도 싫어요!"라는 항변이었다. 아무리 헤아려도 이해할 수가 없었다.

그 아이가 태중에 있을 때 굳이 태교를 의식한 건 아니어도 날마다 몇 시간씩 내가 악기 연습을 했었다. 딸아이 둘이 피아노 그리고 바이올린을 했으니 벌써 6년 동안이나 선율이 귀에 익었을 터이다. 아침이면 일어나라는 말보다 모차르트 음악을 들려주면 아이들 넷이 조르르 일어났었다. 가끔은 음악을 하는 사람들이 우리 집에 모여서 작은 음악회를 열었으니 낯설지도 않았을 터이다. 그렇게 음악은 특별한 게 아닌 일상이었다. 그랬음에 아이의 느닷없는 'ㅇ' 자도 싫다는 발성 앞에 나는 그만이나 할 말을 잃고 말았다.

그런 와중에서 가까스로 나는 정명훈 씨 어머니가 쓴 글의 한 대목을 생각해 냈다. 정명훈 씨가 피아노연습을 게을리하고 있을 때 "네가 행복해진다면 피아노를 그만둬도 돼."라고 말했다는, 그 글을 읽을 때에는 어떻게 그리 쉽게 말할 수 있었을까 놀라움을 금치 못했었다. 하지만 이제 나는 그때에 정명훈 씨 어머니가 그런 말을 할 수밖에 없었음을 고스란히 수긍하지 않으면 안 되었다. '그래, 다그치지 말자. 스스로 선택하고 헤쳐 나가기를 지켜보자.' 라고.

그 애가 중학생이 된 어느 날이었다. 학교에서 돌아오자마자 "엄마, 음악 숙제가 차이콥스키의 〈백조의 호수〉 중에서 '정경' 을 듣고 감상문을 써 오랬어요."라고 말했다. 아, 그래. 심드렁한 척 대답을 했지만 속마음은 뛸 듯이 반가웠다. 그 길로 서둘러 '정경' 곡이 있는 카세트테이프를 사왔다. 거실에서 음반으로 들을 수도 있지만 제 나름대로 듣게 하고 싶었다. 그동안 제 스스로 음악을 선곡해서 감상한 일이 없었다. 감상문은 선율을 듣고 느끼는 자신의 생각을 적어야 할 것이니 내가 거들 일도 아니었다. 어쩌면 그 애가 처음으로 경험하는 음악에의 입문일 터였다.

다음 날 나는 작은 선물을 들고 그 애네 학교엘 갔다. 음악

선생님을 뵙고 감상문 숙제를 내주셔서 고맙다고 코가 땅에 닿게 절을 했다. 내가 누구네 엄마라는 것도 밝히지 않았다. 고맙다는 말만 열 번도 더하고 교문을 나왔다. 날아오를 것 같은 기분 좋은 날이었다.

애들에게 꼭 가야 된다고 우겼던 음악회가 한 번 있었다. 1980년대 중반 상트페테르부르크 교향악단이 사상 처음 내한했을 때였다. 1800년대 생긴 세계 유수의 교향악단이라는 데 의미를 두기도 했지만 소련과 국교정상화 전이었기에 호기심이 더 컸다. 이런저런 옛 생각을 들추다 보니 정명훈 지휘자의 이야기도 끝이 나고 있었다. 객석에 앉아있던 학생들도 줄지어 퇴장을 하고 있다.

갑자기 궁금증이 일었다. 40년 전 그날, 내 아이가 어째서 음악의 'ㅇ'자도 싫다고 했을까. 예술의전당에서 음악회가 있을 때면 김밥을 준비해서 음악당 앞에 있는 '시인의 동산'에서 저녁을 대신했고, 세종문화회관으로 갈 때면 책가방을 든 채 음악당 옆 계단에서 만나 샌드위치로 시장기를 면했었다. 한 번도 싫다 소리를 한 일이 없었다.

내친김에 큰아들에게 전화를 했다.

"아, 그때요. 작은누나 레슨해주시는 선생님이 나만 보면 쓰다듬고 팔을 만지고 하는 게 싫었어요. 물론 귀엽다고 그러셨지만 . 그리고 긴 자로 연습 안 했다고, 틀렸다고, 애들 손바닥을 찰싹찰싹 때렸어요. 작은누나도 여러 번 맞았어요." 그 선생은 만날 때마다 바이올린을 하라는데 전혀 맘이 내키지 않았다고.

참으로 오랜만에 그날의 의문이 풀렸다. 상급학교에 가서는 클라리넷 연습을 했으니 고마운 일이 아닐 수 없다. 아름답게 피어나는 꽃을 보면 기쁘듯 음악이 있어 함께 살아간다면 가슴이 메마르지 않을 것이라는 생각을 늘 했었다. 설혹 어려운 일을 겪을지라도 자신을 포근하게 감싸주는 선율이 있다면 그의 앞길을 가리는 짙은 운무일지라도 쉬이 헤치고 나갈 수도 있으렷다.

이야기를 마친 정명훈 지휘자는 퇴장했고 무대 또한 텅 비었다. 저 많은 학생들 가운데 그가 손수 깎아 만든 지휘봉을 받는 행운아가 많이 나오면 좋겠다. 더 욕심을 부려 오늘의, 마에스트로 정의 뒤를 잇는 훌륭한 지휘자가 그 학생들 가운데서 두루 탄생되었으면 하는 바람까지 덧붙이면서였다. (2018)

빈 벽을 바라보며

오래전부터 벼르던 일을 오늘 마쳤다. 집에 있는 그림 액자를 아이들 앞앞으로 챙기는 일이었다. 어서들 가져가라고 누누이 일러두건만, 그때마다 엄마가 아끼시는 그림을 어찌 가져가겠냐며 매번 이런저런 핑계를 대곤 했다.

그림 뒤편에 각자 이름을 적어주면 나중에 가져갈 것이라고들 했다. 오랫동안 병치레에 시달리는 어미 앞에서 선뜻 들고 가기가 마뜩지 않을 것이라는 생각이 없지도 않았다. 하지만 이제 나의 건강도 어느 정도 회복되었고 무엇보다도 제한된 공간인 아파트인지라 커다란 액자들을 잘 간수하기가 만만하지 않았다. 하여 마음먹고 열 몇 점을 골라 일일이 포장을 끝냈다.

오랫동안 눈에 익어서 그럴까. 크기만 봐도 누구의 무슨 작품인지 가늠이 되었다. 저마다 몫을 정해 집집으로 실어 보내고 나니 집안이 휑뎅그렁하다. 사십여 년을 함께했으니 어찌 무심하랴. 가슴 한 모서리가 텅 빈 것도 같다. 별리別離의 아픔은 사람과의 사이에만 있는 게 아닌가 보았다. 그림이 걸려 있었던 벽면에는 허여스름하니 네모진 자국이 남아있다. 내 마음에도 그림 액자를 떼어낸 자리처럼 허여스름한 자국이 어룽져 있다.

한 점 한 점 내게로 와서 함께했던 시간들이 더듬어진다. 전시장의 그림 앞에서 셈을 하고 또 궁리하고, 어쩔 수 없어 돌아섰던 아쉬운 발길. 어찌저찌 마련해서 그림을 들여오던 날, 어떻게 하면 그림이 돋보일 수 있을까를 궁리하며 거실 벽의 여기저기에 걸어보고 떼어보며 수없이 옮기며 수선을 떨었다. 자다가도 깨어 나와 어루만져보던 일이 어제인가 싶기만 하다.

해가 가면서 많은 이야기를 담은 그림들이 벽들을 차지했다. 실내장식의 하나로 여겼던 그림들이 집안 꾸미기를 벗어나 언젠가부터 내 안에 깊숙이 들어와 있다. 일상이 고달플 때면 나도 모르게 그림 앞으로 갔다. 그림 속에서 나와 다른 삶의 풍광을 만나므로 자연의 섭리와 질서, 그리고 생명의 외경을 일깨우며 밝은 미소를 되찾을 수 있었다.

한겨우내 꽃봉오리로 머물다가 새봄을 맞아 피어나는 매화 동백을 바라보며 기다림과 인내를 배웠다. 흐르는 강을 따라 걸으며 흙과 바람 속에서 자라는 들꽃의 숨결을 느끼고 늪가의 풀벌레들을 보면서 모든 생명체에는 나름의 향기와 아름다움이 있음을 깨달았다. 중천에 뜬 보름달을 볼 때면 어릴 때 "내 더위 사가라."고 더위를 팔던 일을 떠올리며 심란한 마음을 다독이기도 했다.

어느 날은 그림 속 숲에서 사색에 잠기기도 했다. 겨울의 호젓함 속에 잔설을 머리에 이고 앉은 정자 마루에 누워서 이제 막 둥싯거리며 솟아오르는 해를 마주하며 겨울 맛에 취해 보기도 했다. 만물에 순환이 있어 소진된 생명이 부활의 색으로 되살아나는 봄이면 자연의 시와 음악이 어우러져 나를 조요히 이끌기도 했다. 때로 한여름의 시원한 솔바람 속에서 산새들의 지저귐을 들으며 심신의 고단함을 다 부려버리기도 했다. 화폭마다 면면하게 흐르는 아름다운 자연과 생명의 노래가 있었으니 그림은 단순한 장식품이 아니었다. 나에겐 삶을 지탱하는 힘이었다. 일상의 잔잔한 기쁨이었으며 인생살이의 참 스승이기도 했다.

그림을 모으는 과정에 몇 가지 해프닝이 있었다. 판화 표구를 맡긴 화방에서 그림 아래쪽에 쓰인 작가의 사인을 잘라

버려서 다시 사인을 받은 일이며, 위탁판매를 맡겼다가 떼이기도 한 어이없는 일도 있었다. 4호 그림을 원했는데 10호로 큰 그림이 내게로 와서 배달사고인가 하고 작가에게 물었더니 그대로 괜찮다는 말을 들려준 뜻밖의 좋은 일도 함께 있었다.

많은 작품들이 있어도 유독 애정이 가는 그림이 있었으니, 내가 서른셋에 들여온 판화였다. 경복궁 앞 현대화랑에서 서양화가 김구림의 판화전이 있었다. 엽서 두 장쯤 될까 싶은 크기의 나무 한 그루, 다른 화면에는 두 그루의 나무가 이미지화된 여섯 장의 시리즈였다. 단박에 마음이 끌렸다. 우선 자그마한 게 공간을 덜 차지해서 좋을 것 같았다. 하지만 그림 값이 내 정서의 키를 훨씬 넘는 바람에 몇 차례 들락거렸다. 가까스로 마감 날에야 호랑이 등에 올라타는 기분으로 집으로 옮겨왔다.

그 이전까지는 동양화에만 마음을 기울였다. 전주에서 살았던 사람은 기억할 것이다. 한옥이 대부분이었으니 사랑이나 안방 벽장문에는 산수화나 화조도花鳥圖를 벽지처럼 벽에 붙였다. 웬만한 집에서는 서화書畫 두어 점씩을 붙이는 게 일상이었다. 어쩌면 그런 모습이 눈에 익어서였을 게다. 고서화나 민화에 치중을 했었다. 차츰 여학교 때 신문에 실린 삽화들을 스크랩했는데 그때에 낯익힌 화가들의 작품을 찾아다니기도 했었다.

살림에 도움 되는 것도 아닌 것을 현실에 끌어들이기 위해서는 나름대로 수입이 있어야 했다. 바느질을 좋아해서 아이들 옷이나 내 옷을 만들어 입다 보니 주변에서 부탁을 해왔다. 그 일이 실마리가 되어 낮이면 골방에서 유아복을 만들어 베이비센터에 보내곤 했다. 백화점이 성하면서 옷 만드는 일을 그만두게 되자 대신 오전에 할 수 있는 과외를 시작했다. 낮 시간에 했으니 특별히 식구들에게 알려질 일도 없었다.

몇 해 전 병상에 있을 때였다. 내 손으로 살림을 못 하게 되면서 도우미비용이며 병원비 등이 만만치가 않았다. 생각 끝에 인사동에 있는 화상畵商을 집으로 불렀다. 소장하고 있던 그림과 고가구며 골동품을 보여주었다. 갑자기 얼굴에 희색을 띄는가 싶더니 곧 바로 평정심을 찾으면서 "요즘은 때가 지났습니다. 옛날에 한참 좋았지요."라는 거였다. 사십여 년 전 유명화랑에서 구입한 가격의 절반만 얘기 했어도 빈손으로 보내지는 않았을 것이다.

시장의 흐름에 따라 그림 값이 정해진다지만, 그 가치의 기준이 시대의 흐름에 따라 달라진다는 게 참으로 서글펐다. 내가 그림을 고르는 기준은 꼭 유명작가의 대표작이 아니었다. 화랑에서 잠시 보고 마는 게 아니고 언제 어느 때라도 집에서 즐길 수 있는 그림이면 되었다. 미술관에 가서 보면 될 것 아

니냐고 말할 수 있지만 그림은 소유일 뿐 공유할 수 있는 게 아닐 터였다.

나중에 큰돈이 될 것이라는 생각은 애초부터 없었다. 그랬던 내가 그 화상畫商이 다녀간 뒤로 한동안 마음을 뒤숭숭해했다. 땅 한 뙈기씩이라도 사 모을 것을 그랬나? 아니면 은행에 얌전히 두기만 했어도 좋았을 걸? 나 스스로에 대한 자문, 자책, 자괴지심 등으로 휘청거린 것이다.

그러다가 문득 다산茶山의 글 한 대목이 생각났다. 논을 넓혀 연을 심은 사람과 연 심은 못을 돋워 논으로 만든 사람 이야기다. "연 밭을 헐어 논밭을 일구면 거둘 곡식이야 늘어나겠지만, 몇 포기 더 심어 얻은 쌀보다 연꽃을 심어 감상하는 정신적 여유가 더 소중하니라." 작은 이익과 삶의 정취를 맞바꾸지 말라는 뜻이렷다. 새삼스레 그 귀한 말씀을 가슴에 새기며 잠시나마 휘청거렸던 지난 며칠을 후회했다. 그 후 그 화상이 여러 차례 내게 전화를 했지만 나는 연락을 끊었다.

우두커니 텅 빈 벽을 바라본다. 이젠 그 그림들이 아이들에게 위안이 되었으면 좋겠다.(2018)

아몬드꽃

청색 바탕에 하얀 꽃들이 어우러진 그림을 우편으로 받았다. 빈센트 반 고흐의 〈아몬드꽃〉 복제본이다. 그의 특징인 강렬한 색채나 거친 붓 자국이 아닌 밝은 색의 흰 꽃들이 아늑하다. 이 그림은 네덜란드에 가 있는 외손녀의 선물이다. 교환학생으로 간다는 말을 듣고 "반 고흐 미술관은 꼭 들러라."라고 일렀었다. 그 말을 잊지 않았던지 미술관을 두 번째 다녀오던 날 그림을 내게 보냈다고 했다.

화사한 꽃그림을 보고 있으니 가슴에 잔잔한 파문이 인다. 이십 몇 년 전인가 반 고흐의 〈밀밭의 까마귀〉를 만나러 암스테르담 미술관에 간 일이 있었다. 화집에서도 쉽게 볼 수 없었던 작품이었다. 있는 그대로의 작품에 담긴 그의 심정이 어떻게 표현되었을까 그림 속에서 더 많은 진실을 찾아보고 싶었다.

그렇게 맞닥뜨린 〈밀밭의 까마귀〉는 나를 한 자리에 붙박아버리고 말았다. 강한 붓 자국의 검푸른 하늘, 거기에 사나운 폭풍이 지나고 있었던 걸까. 바람에 휘감긴 너른 밀밭에 까마귀 떼가 어지럽게 날고 있었다. 불안과 쓸쓸함이 감도는 화면. 그림을 완성한 뒤 밀밭을 바라보며 자신에게 방아쇠를 당겼을 고흐. 미술관 직원이 내게 의자를 건네주지 않았더라면 시간이 어떻게 지났는지 모를 뻔했다.

무거운 마음을 추스르느라 터벅터벅 이층 계단을 올랐다. 그때 맞은편 벽에 눈길이 멎으면서 나는 그만 걸음을 멈추었다. 햇살 가득 담은 꽃그림이 내게 미소를 보내고 있었다. 그 꽃이 뿜어내는 생명의 향기 때문일까. 일렁이던 가슴이 사르르 가라앉으면서 편안해졌다. 바로 그 꽃그림이 손녀딸 서영이가 내게 보내준 '아몬드꽃'이다. 아래층에서 고독한 영혼을 만나고 이층에서 위로를 받고, 종일 위 아래층을 오르내리며 휴지를 적시고 다시 흩날리는 꽃향기에 취했던 하루였다.

〈아몬드꽃〉에는 애틋한 사연이 있다. 반 고흐가 쓴 편지에 "어머니, 머지않아 태어날 테오의 아기를 위해서 아몬드꽃을 그렸습니다. 파란 하늘을 배경으로 하얀 아몬드 꽃이 만발한 커다란 꽃가지 그림입니다."

또 한 번의 발작을 일으키고 아직 회복되지 않은 상태에서 〈아몬드꽃〉을 한 달 동안 그렸다. 테오에게 쓰기를, "꽃이 핀

가지들이 있는 마지막 캔버스이다. 너도 알겠지만 가장 많은 인내심으로 작업했으며 내가 그린 것 중 최고의 작품이다. 붓끝 하나하나에 온 정성을 다 들였단다."

반 고흐가 머물렀던 남프랑스에서는 겨울을 막 지난 1월에서 2월에 아몬드꽃이 핀다. 찬바람 속에서 피어나는 꽃이라 강한 생명력을 지닌다. 추위를 이기고 꿋꿋하게 피어나기를 바라는 마음이었을까. 푸른빛의 환희와 흰색의 순수함을 화폭에 담았다. 테오는 자신의 아이에게 형처럼 강직하고 굳센 의지를 가지고 살아갔으면 해서, 아이의 이름을 빈센트로 부르겠다고 했다. 고흐는 어머니에게 "테오의 아들이 저처럼 불행한 삶을 살까봐서 반대를 했지요. 아버지 이름을 따르기를 바랐지요. 요즘 아버지 생각을 무척 하고 있거든요. 하지만 제가 얼마나 기뻤는지 모릅니다."라고 적었다.

반 고흐는 〈아몬드꽃〉을 그린 반 년 뒤, 〈밀밭의 까마귀〉를 마지막으로 이젤을 세워둔 밀밭에서 죽음을 택했다. 1890년 7월이었다. 그가 파리에 갔을 때 테오가 겪는 경제적인 어려움을 직접 보면서 동생에게 더는 부담을 주고 싶지 않았을 것이다. 앞날에 대한 막막함, 언제 올지 모르는 발작에 대한 불안. 이 모두가 그를 죽음으로 내몰았을 것이다.

형을 잃은 동생 테오도 6개월 뒤 세상을 떠난다. 그림을 물려받은 테오의 아내는 두 형제가 나눈 700여 통의 편지를 영역英譯해서 세상에 알렸다. 조카 빈센트는 얼굴도 못 본 삼촌의 그림을 그대로 보존하여 재단을 꾸리고 작품 기증을 해서, 네덜란드 정부의 지원을 받아 1973년 '반 고흐 미술관'을 암스테르담에 세웠다. 몇 년 뒤 그도 세상을 떠났다.

아직까지 내게 인상 깊게 남은 작품은 미술관에서 보았던 〈펼쳐진 성경책〉이다. 그림 속의 실제 성경이 바로 옆 유리장 안에 있었다. 목회자였던 반 고흐 아버지의 책이다. 형제의 정도 도타웠는데 어른의 유품까지 소중하게 간직한 모습이 보는 이의 가슴을 뭉클하게 했다.

언제쯤이면 마음속에 〈별이 빛나는 밤〉을 그릴 수 있을까 고심하던 반 고흐. 지금은 하늘나라에서 별이 된 빈센트 형제가 마주앉아 걱정 없는 이야기를 나누고 있을 장면을 상상해

본다. 벽에 걸린 〈아몬드꽃〉을 다시 한 번 우러러본다.

서영아. 저 '아몬드꽃'이 너의 가슴에서도 무럭무럭 자라기를 바란다. 테오처럼 형제끼리 서로 도우며 지냈으면 한다. 테오는 형이 작품을 보낼 때마다, 정말 아름답다고, 아주 훌륭하다고, 형은 분명히 성공할 거라고 언제나 형을 격려하고 응원했던 동생이었다.

"형은 아주 드문 재능을 가진 예술가야. 멋진 예술가가 될 형을 돕지 않는 것은 용서받을 수 없는 일이지. 형의 고통을 덜어줄 수만 있다면 뭐든 하고 싶어. 용기를 잃지 마, 내가 형을 얼마나 좋아하는지 알지." 지금 두 사람은 오베르쉬즈 공원에 나란히 누워있다. 그들의 '아몬드꽃'을 나는 눈앞에 두고 있다.(2018)

봉인

학교에서 집으로 돌아오자 새로 배달된 책 《학원》이 마루에 있었다. '피아노신동 한동일 미국유학' 이라는 큰 제목과 함께 그의 사진이 화보에 실렸다. 옆 가르마를 타서 단정하게 넘긴 머리며, 넥타이를 매고 양복을 갖춰 입은 앳된 모습이 빼어났다. 가난한 시절, 그렇게 멋진 정장차림의 또래들을 어디에서 볼 것인가. 친구들에게 자랑할 요량으로 교과서와 함께 책가방에 넣었다.

다음 날 교실에 들어서자마자 짝을 보고 "나 어제…." 하다가 화들짝 입을 다물었다. 무슨 일이냐고 친구가 재촉을 했지만 얼버무리고 말았다. 행여 《학원》이 다른 급우들의 눈에 띌세라 종일 신경이 씌었다. 집으로 돌아오자마자 누구의 눈에도 띄지 않도록 책상 서랍에 깊숙이 넣어두었다. 그날 이후 아무도 없을 때면 나 혼자 살그머니 책을 꺼내어 보곤 했다.

중학교 1학 때였다.

언제까지 책상 서랍을 열고 닫으며 가슴을 두근거렸는지는 잊어버렸다. 그 《학원》도 어찌했는가 생각이 나지 않는다. 그런데 어른이 되어서 연주회에 갈 때면 가끔씩 그 일이 떠올랐다. 어느 날 우연히 그의 기사를 신문에서 보았다.

1954년 열두 살 소년 한동일이 여의도에서 공군비행기를 타고 미국으로 떠났다. 줄리아드 음악원을 거쳐 열다섯 살에 카네기홀 연주를 비롯해 스물여덟에 인디애나음대 교수를 시작으로 국제무대에서 활동하던 그가 50년 만의 귀국독주회를 예술의 전당에서 갖는다는 소식이었다.

연주가 있던 그날 밤, 나는 옛날의 그 미소년을 떠올리며 맨 앞줄에 앉았다. 숨을 죽이고 있을 때 그가 무대로 걸어나왔다. 옛날의 앳된 모습은 간 곳이 없고 성근 머리카락에 두루뭉술한 몸집, 세월의 흔적이 나의 환상을 바람처럼 휩쓸고 지나갔다.

세 번째는 아니 만났어야 좋았을 것이다, 는 피천득 〈인연〉의 마지막 구절만 떠올렸다.

가슴에 묻어 둔 단지의 봉인封印은 뜯지 않았어야 했다. 열자마자 연기처럼 사라지고 마는 환상이었다. 그러나 연주회장을 나왔을 때는 협주곡 4번 2악장의 우수 어린 맑은 선율이 내 가슴에 아릿하게 맴돌았다.(2018)

희준이

무더위가 한창인 지난 여름날이다. 클라리넷 선율이 거실을 가득 메우고 있었다. 오디오 음향이 차지하던 곳에 모처럼 생음악이 흐르고 있으니 더위도 아랑곳없이 나는 귀를 모았다. 어찌 귀만 즐거우랴. 이중주를 하고 있는 형제들의 모습이 신통해서 눈도 한번 깜짝 안 했다. 제 아비가 갑자기 워싱턴으로 연수를 가노라고 온 식구가 떠났다가 3년 만에 돌아온 외손자들이다.

연습하다가 틀리면 마주보고 한바탕 웃다가 다시 연주를 계속하는 게 어찌나 사랑스러운지. 작고 동그란 악기 구멍들을 손가락으로 막고 떼며 비브라토를 만든다. 움직이는 손가락들이 참 날렵하기도 하다. 낮은 음역에서는 깊고 따뜻한 음색이더니 높은 데서는 무척 또랑또랑하다. 멜로디를 주거니 받거니 노니는 형제의 모습이 한 폭의 그림이었다.

애들이 떠난다고 했을 때, 무엇보다도 마음이 쓰인 것은 고등학생인 큰아이보다 작은아이였다. 제 어미가 큰놈한테 신경 쓰느라 초등학생인 희준이의 영어공부는 생각하지도 못했다. 키도 작거니와 수줍음은 많지, 유색인이지, 영락없이 학교 어디 구석진 곳에서 쪼그리고 있을 것만 같아 자꾸만 가슴이 저렸다.

2주쯤 지났을까. 희준이랑 통화를 하던 날이다. 수업시간이 어떠냐고 물었다. "할머니, 하얀 것은 칠판이고 검정 것은 글씨라는 것밖에 몰라요."라는 대답이었다. 가슴이 미어졌다. '얼마나 답답할까. 또 얼마나 기가 죽을까. 제가 다녔던 학교와 친구들이 얼마나 그리울까.' 싶었다.

고맙게도 학교 측에서 통역기를 마련해주어서 무던하게는 지낼 수 있는 모양이었다. 두어 달 뒤 서울에서 저와 똑같은 아이가 전입해 왔다고 했다. 제가 쓰던 통역기를 그 애한테 넘겨줬다. "넌 어떻게 하려고 줬니?" 물었더니 "저는 이제 조금씩 들을 만해요. 그 애도 나처럼 답답할까봐서요."라고.

순하고 착하기만 한 우리 순둥이. 순둥이라 부르는 데는 그럴만한 사연이 있다. 내가 병원에 있을 때, 느닷없이 혈압이 200으로 치솟을 때였다. 사흘낮밤을 눈을 못 뜨고 있을 때, 딸이 아기를 데리고 와서 누워있는 내 가슴 위에 엎드려 놨다. 그 애는 꼬물거리지도 않고 납작 엎드려 있었다. 이내 가

슴이 훈훈해지더니 나의 혈압이 정상이 되었다. 마침 주치의가 회진을 왔다가 "아가, 네가 의사보다 낫구나."라고 웃으며 치하를 했다.

그랬던 아기가 어느새 자라서 머나 먼 타국에서 중학교엘 들어갔다. 1학년 말에 에세이 숙제를 제출했다. 며칠 뒤 담당선생님이 아이를 불렀다. "에세이 숙제 너 혼자 했니? 아니면 어디서 베꼈니?"라고, 두 번씩이나 물으셨다. "예, 나 혼자서 했어요."라 대답을 했다고.

학교에서도 딸애한테 전화를 걸어왔다. "정말 그 애 혼자 한 것이 맞느냐?"고. 그러더니 2학년이 되면서 '에세이 상'이 주어졌다. 입학했을 때 치른 에세이는 시원찮았는데 학년 말 에세이가 놀랍게 발전한 것을 확인하고 학교에서 시상賞을 한 것이었다. 선생님께 자신의 의사를 또렷하게 표현했다는 희준이 이야기를 듣고서 '그래! 그만하면 되었구나.' 싶었다.

정말 잘했구나! 무릎을 친 일이 또 있었다. 희준이는 학교 오케스트라밴드 중급반에 속했다. 1학년 여름방학 동안에 두 군데 뮤직캠프엘 참석하겠다고 욕심을 부리더니 음색이 몰라보게 좋아졌다. 하루에 몇 시간씩 연습을 하던 어느 날, "엄마, 나 고급반 오디션에 합격했어요." 하는 바람에 놀란 것이다.

저 스스로 고급반 지도 교사를 찾아가 오디션을 보았고, 첫 번에는 실격하고 재도전을 해서 고급반으로 진급할 수 있었던 게다. 곧이어 클라리넷 수석이 되어 솔로를 맡더니 오는 9월 정기연주회에서는 독주자로 뽑혔다.

어찌 자랑스럽지 않으랴. 꼭 악기를 잘해서만이 아니었다. 순둥이로 남 앞에 나서기도 어려워하던 아이가 제 노력으로 실력을 연마하여 앞길을 개척해나가는 게 신통했다. 아침이면 6시 반에 집 앞으로 오는 스쿨버스를 놓치지 않으려고 새벽이면 스스로 일어나 중학교 등교하는 일 년 반 동안 거르지 않았으니 그만하면 제 할 일 충분히 해나갈 아이로 믿어진다.

아쉽고 또 아쉬운 것은, 그리도 고대하던 정기연주회 무대엘 서지 못하고 귀국을 한 일이다. 서울에서 2학년에 편입하려면 7월 안에 교육청에 등록을 마쳐야 했다. 어린 것이 얼마나 서운했을까 싶으니 몹시 짠했다.

이제는 제 터전으로 왔다. 나름 어려움이 있다 한들 타국만 하랴. 할미 가슴에 납작 엎드려서 위급한 상황을 넘기게 해준 아기가 저리 커서 할미가 좋아하는 음악으로 감동을 주고 있다.

병준아, 희준아, 이중주를 할 때는 무엇보다도 하모니가 제일 아니겠니. 상대를 배려하지 않고 자신만 드러내려 하면 아름다운 음악을 만들지 못하겠지. 형제애도 그렇단다. 바라기는 너희들이 연주하는 모차르트 클라리넷협주곡 2악장을 듣는 일이다. 이 할미가 제일 좋아하는 부분 아니더냐.

뒤돌아보니 "예, 나 혼자서 했어요."라 대답한 학생을 신뢰하고 인정해준 그 나라의 교육 내용이 참으로 미쁘기 그지없다.(2018)

| 제3부 |

가슴 따뜻한 이야기

친구의 꽃핀

“저 · 예 · 요. 아줌마, 엄마가 보고 싶어 죽겠어요.”

밖에는 눈보라가 치고 있어 창에 부딪치는 소리가 요란하던 날이었다. 띄엄띄엄 한마디씩 하고나서 그만 울음을 터뜨리고 만다. 잦아드는가 싶으면 다시 격해지곤 하는 울음이다. 내 앞자락에도 휴지가 쌓여가고 있다.

“그날 엄마의 전화를 받았더라면…. 그런 사고는 없었을 터인데.”

봇물이 터진 듯 울음을 그치지 못했다. 친구의 딸은 갑작스런 교통사고로 제 엄마가 영영 떠나버린 후 참참이 내게 전화를 했다. 수화기를 놓기 전에 꼭꼭 덧붙이는 말이, “한 번만 더 엄마 목소리를 들을 수 있다면….” 이었다. 예고하고 일어나는 사고가 어디 있을까마는 그렇듯 아픈 비음을 터뜨리는 데는 그만한 까닭이 없지도 않다.

칠십 중반쯤 되는 그 친구와 나는 여러해 전 어느 모임에서 만났다. 간간이 스치며 인사를 나누면서도 가까이할 기회가 없었다. 먼발치에서 봐도 항상 밝은 모습이었으며 갖춤새도 무던했다. 듣기로는, 식사 때면 밥이나 찬 등을 흘려 주변이 어지럽혀지고 그래서 누구도 그 옆에는 앉으려 하지 않는다고 했지만, 그러려니 했다. 연세도 생각해야지 왜 나와서 남을 귀찮게 하느냐는 말을 들을 때도 한 귀로 듣고 흘려버렸다.

그러다가 소그룹에서 함께하게 되었다. 돌아가면서 자신을 소개하는 시간에야 비로소 그의 처지를 들을 수 있었다. 그 친구는 사물은 그런대로 분간할 수는 있지만 활자는 해독할 수가 없는 약시弱視였다. 귀도 시원치 않은 데다가 작은 물체를 제대로 분간할 수 없으니 늘 곁의 사람에게 도움을 청해야 했다.

자신은 천성이 활달한 데다가 노상 혼자 지내다 보니 사람이 그리워 집에 있을 수가 없다는 이야기며, 경기도에 살고 있지만 지하철이 닿는 곳이면 하루도 거르지 않고 공원이나 백화점 등, 시끌벅적한 곳을 찾아다닌다고 했다. 그곳에서 더위도 추위도 날 수 있으니 안성맞춤이라는 이야기를 들을 땐 왠지 내 맘이 짠했다.

지하도 계단에서 헛디뎌 넘어진 적도 여러 차례. 이런저런 모임에 빠지지 않는 것은 한 끼라도 따뜻하게 먹고 싶어서라며, 그렇다고 남들의 눈치를 아주 모르는 것은 아니라고도 했다. 어렵게 사는 자식들 넷이 근근이 보태주는 생활비가 빠듯해도 그나마 그것마저 끊기는 것은 아닌지 매번 가슴이 죈다는 말을 들을 땐 도무지 남의 일 같지가 않았다. 계절이 바뀌면서 그룹편성도 다시 하게 되었다. 나는 그의 짝이 될 것을 자청했다.

같은 그룹이 된 그날 이후, 그가 모임의 일원으로 불편하지 않도록 다음 주 공부할 내용을 읽어주고, 암기할 것은 A4 용지에 매직펜으로 대여섯 글자씩 주먹만큼 커다랗게 써 준다. 가끔씩은 열 몇 장씩 되지만, 그는 종이를 눈에 바짝 붙이고서 한 글자씩 곧잘 읽어 나간다. 시각이 약한 만큼 암기는 뛰어나서 조금씩 틀리긴 해도 용케 잘도 외운다. 어느 날은

전화로 읽어주기도 한다.

그에게 나의 오롯한 마음이 쓰이는 것이 어쩌면 친정어머니 때문일 수도 있으리라. 친정어머니는 생전에 안과질환인 녹내장으로 노년을 어렵게 지내셨다. 항상 성경을 읽으셨는데 시력이 약해지면서는 문밖출입도 마다하고 극동방송만 들으셨다. 그 어머니가 아침 설거지를 마칠 무렵이면 전화를 하셨다. 살림살이, 아이들, 교회일 등을 화두로 하루일과를 시작했었다. 이일저일 바쁘다면서 내 아이들만 소중하게 여겼지 어머니가 얼마나 답답하게 계실지 제대로 헤아릴 줄 몰랐던 젊은 시절이었다.

요즘 병고에 시달리면서야 그때 어머니가 얼마나 적적하셨던가가 문득문득 떠올라 가슴 저려들고, 그런 연유로 부족하지만 그 친구의 짝이 되고 싶어진 것이다. 말 상대가 없어 말하는 것도 잊어버린다는 사람. 며칠 건너 안부전화라도 할 것 같으면, 막혔던 말문이 트이는지 끊일 줄을 모르던 친구. 그렇게 저렇게 여러 해 동행을 했는데 어처구니없이 교통사고로 느닷없이 가버렸으니….

친구의 딸은 오래전부터 제 엄마의 거처를 제가 살고 있는 집 가까이 옮겨드리려 했다는 말을 내게 전화를 할 때마다 했다. 그렇게 가실 줄은 정말 몰랐다면서 애통해하던 딸. 아이들 학원비가 우선이어서 매번 어머니 일을 다음에, 이다음에로 미뤄왔지만, 봄이 오면 꼭 하려고 했다는 말을 되풀이했다. 비바람이 치고 눈보라가 불면, 어릴 때 엄마가 우산을 가져다주고 목도리로 싸매주던 생각이 난다면서 지금 엄마는 이 추운 날씨에 어찌 계실까 울먹이던 저리 절절한 마음. 후회의 눈물이 어찌 그 딸에게만 있으랴.

친구는 머리에 꽃핀 꽂는 것을 좋아했다. 우연찮게 내게 꽃핀이 생겨서 성탄절을 기다렸다. 친구의 부음을 듣던 날 문득 그 꽃핀 생각이 떠올랐다. 주고 싶은 마음이 생겼을 때 바로 전할 것을. 그랬으면 작은 기쁨이라도 누리게 해 주었으련만.

꽃잎이 분분한 요즘, 봄이면 언제 꽃구경시켜줄 것이냐고 어린아이처럼 보채더니, 그 음성이 귀에 들리는 듯하다. 보리빵 하나 눈깔사탕 두어 개 들고 와 내 손에 쥐여 주던 손길. 더 따사롭게 어루만져 주지 못했음이 아쉽기만 하다.

연분홍 꽃잎들이 이울고 있던 어느 날. 그날도 친구의 딸 전화를 받았다. 제대로 꽃구경 한 번 못 시켜드린 것이 이리도 후회가 된다면서, "여기 건널목인데 뭐 하고 있니?" 하시던 엄마의 마지막 음성이 언뜻언뜻 들려와서 횡단보도를 건널 때마다 자신도 모르게 눈물 바람을 한다고 울먹였다. 아무리 생각해도 그 사고의 상황과 시간으로 봐서 바쁘다는 핑계로 전화를 끊어버린 자신 때문이 아니었겠느냐고 연민과 자책으로 목메어했다.

그때가 언젠데 제 어머니 때문에 저리 가슴 저려 하고 있는 딸이 염려스러웠다. "얘야. 건널목에서의 사고가 어찌 네 잘못이겠니. 엄마는 네 자랑을 젤 많이 하셨니라. 누구보다도 정 깊어서 살갑게 챙겨주는 딸이었다고. 지금도 하늘나라에서 널 바라보고 계실 거야. 울고만 있으면 엄마 마음이 더 아프실 터이니 이제 예쁘게 사는 모습을 보여드리면 어떨까." 하고 내 말을 맺었다. 엄마가 정말 그렇게 얘길 했냐면서 활짝 웃는 모습이 전화선 너머로 보이는 듯했다. 그러면서도 엄마의 전화를 한 번만 더 받아봤으면 좋겠다고, 가슴 아픈 갈망이 잔잔한 여운으로 전해왔다. 그에게 주지 못한 꽃핀이 내게도 아쉬운 마음으로 남는다.(2012)

지환아, 힘내!

"우리 지환이 수술 잘했어요. 쳐다봤어요. 엄마요. 한 개 손가락 움직였어요." 우리말이 서툴러 구문이 어색했지만, 그의 손짓과 표정으로 미루어 무슨 뜻인지 다 짐작할 수 있었다. 엊그제 수술을 끝낸 지환이가 태어나 처음으로 엄마와 눈을 맞췄으며, 아이의 가운데 손가락이 약간 움직였다는 말이었다.

얼마나 힘들었느냐는 인사를 나누고, 나는 지환이 엄마의 등을 쓸어주며 손을 잡았다. 아이를 끌어안고 밥을 떠먹이던 그녀는 숟가락을 내려놓고, 그 손으로 연신 "엄마요, 엄마를 봤어요." 하면서 자신의 가슴을 몇 번씩이나 토닥거렸다. 엄마를 알아봤다는 뜻이리라. 그녀의 눈가에 물기가 어렸지만, 세상에 없는 행복을 자신만이 누리는 듯 얼굴에는 웃음꽃이 환했다.

지환이는 일곱 살이다. 다문화가정의 뇌병변 1급 장애아이다. 지환이 엄마는 필리핀 이주여성으로 2006년 스무 살에 자신보다 나이가 곱절이나 많은 한국 남자와 결혼했다. 미숙아로 태어난 지환이는 영아연축, '레녹스-가스타우트 증후군' 이라는 병명조차 생소한 난치성병을 앓고 있다. 갓난아기 때부터 지금까지 단 한 번도 제 스스로 일어서 본 적이 없다. 손가락 한 번 까딱해 본 일도 없으니, 밥을 먹이고 대소변을 가리는 일까지 한시도 엄마가 곁을 떠나지 못하고 수발을 들었다.

하루에도 몇 번씩 발작을 일으키는 간질 증상으로 수술을 받아야만 했다. 마침 개신교 신문인 《한국기독공보사》에서 질병으로 고통 받고 있는 어린이들을 위한 의료지원사업인 '새 생명 새 빛 캠페인' 을 벌이고 있던 차에 지환이가 78번째 특혜자로 선정되었다. 덕분에 협약을 맺은 세브란스병원에서 수술을 받을 수 있게 된 것이다.

지환이를 만난 것은 병원 로비에서였다. 휠체어에 탄 아이가 몸을 전혀 가누지 못했다. 물을 마시다가 사래가 들렸던지 음식물을 토하고 있었다. 아이 엄마는 어쩔 줄을 몰라 했다. 나는 얼른 내 가방에서 휴지와 손수건을 꺼내 뒤처리를 해주면서 아이 엄마와 말을 텄다.

제반 수속을 마친 뒤 입원실에 데려다 주고 돌아 나오는 나의 발걸음이 별스럽게 무거워졌다. 그날 이후 옴짝달싹 못하는 그 아이가 자꾸 눈에 밟혔다. 아이 엄마가 우리말이 서툰데다가, 지방에서 왔기에 꼼짝 못하는 아이를 잠시도 떼어 놓을 수 없으니 혼자 손으로 돌보기가 결코 쉽지 않을 것이었다. 검사 때문에 침대에 눕히고 휠체어에 앉히는 일 등, 하루에도 몇 차례씩 들마시하기가 보통 일이 아니려니 싶었다.

나 스스로의 행동거지도 힘에 부치는지라 아이를 건사할 수는 없겠지만 아이 엄마가 화장실이라도 마음 놓고 다녀오게 하거나, 잔심부름이나 말동무 정도는 해줄 수 있을 것 같아서 그 아이의 병실을 드나들기 시작했다. 아무 때에 들러도 그녀의 얼굴에는 웃음이 가득했다. 언제 보아도 입성이나 매무새가 단정하고 행동거지 또한 조신하기만 했다. 밤새워 간병을 하였을 것인데도 지쳐있는 사람으로 뵈지 않았다. 아무런 감정의 변화가 없는 아이지만 마치 엄마의 말을 알아듣기라도 하는 것처럼, 아이의 손을 만지고 다독이면서 사근사근하게 이야기를 하고 있었다.

"지환아, 하머니 오셨네. 밥 먹을까. 손 닦자. 날씨가 덥지? 옷 갈아입자."

창문 너머 나무 한 그루와 푸르른 잔디, 하늘의 구름이 흘러가는 것까지, 눈에 보이는 사물의 움직임 하나하나를 아이에게 들려주고 있었다. 도무지 웃기 힘든 상황이건만 시종 웃을 수 있는 힘이 어디에서 샘솟는 것일까. 나는 그들을 바라보고만 있어도 가슴 한 모서리가 부서지는 것 같았다. 잠시 잠깐 한눈을 팔거나 쉴 틈이 없는 나날인데도 눈살 한 번 찌푸리는 일이 없다. 그녀의 가슴 속에 피어있는 꿈이 참으로 아롱다롱 고와서일 수도 있으리라.

아이가 설핏 잠이라도 들면 영한 대역으로 된 우리말 공부를 하고 있다. 아이는 수술 전과 크게 달라진 것 같지 않은데도 감사하는 마음이 워낙 크기 때문일까. 눈 한 번 맞추고 손가락 한 번 까딱하는 것이 그녀를 저리도 흥분하고 설레게 하다니, 내 눈엔 그런 그녀가 참으로 아름답고 숭고하게 보였다.

어려운 살림으로 시집와서 아직까지 한 번도 고향, 필리핀을 못 가보았다는 말을 할 때는 목이 메어 말을 제대로 잇지 못했다. 비록 아픈 아이지만 친정엄마에게 뵈어드리고 싶은 맘이 간절하다는 말을 듣자니 나도 가슴이 먹먹했다. 다른 아이 엄마들이 누리는 일상이 그녀에게는 아주 특별한 기적 같은 게 아니던가. 앞으로도 살아가는 데 더 큰 에너지를 쏟아주어야 할 상황이 될 것이다. 오직 아이만을 사랑하기에 이겨

낼 수 있을 테지만 그녀의 팍팍하기만 할 앞날이 눈앞에 선연하게 그려진다.

그래도 조금만이라도 더 새롭고 풍성한 내일, 건강한 삶을 꽃피울 수 있다면 얼마나 좋을까. "엄마!"라고 부르며 지환이가 제 어미 품에 포옥 안기는 기적의 날이 쉬이 와 주었으면. 나는 오늘도 세밑에 쏟아지는 서설처럼 눈부신, 지환의 차도差度를 기도하며 저 병실을 나설 수밖에 없다.(2014)

뻥튀기 폭죽 터지듯

골목길을 지나는 참이었다. 갑자기 '펑-' 하는 소리에 놀라 둘러보니, 근처에 뻥튀기 장사가 전을 펼치고 있다. 구수한 냄새가 코끝을 스몄다. 뿌연 김이 피어오르던 자리에는 비닐포대가 놓여있고, 그 안에는 뻥튀기가 담겨있다. 수북하게 쌓인 뻥튀기를 바라보고 있으니 문득 지구 저편 아프리카 어딘가에 있을 한 청년이 떠올랐다. 그곳에서도 지금쯤 뻥이요- 소리와 함께 뻥튀기가 쏟아져 나오고 있을 것 같아서다.

여러해 전 대로변에서 교통사고를 겪었다. 병원에 입원하라는 얘기를 들었지만 그런대로 견딜만 해서 통원치료만 받고 말았다. 차량수리도 가해자가 했기에 잊어버리고 있었다. 일 년여가 지났을까. 보험회사에서 약간의 위로금이 나왔다. 생각하지 않았던 돈이었다. 이런저런 생각 끝에 전신장애로 거동이 불편한 어느 문우의 구좌에 입금을 했다.

몇 달이 지난 어느 날, 낯선 청년에게서 전화가 왔다. 내 이름을 확인하고서는 고맙다는 인사를 먼저 건넸다. 갑작스런 인사에 의아했지만 음성이나 말하는 태도가 공손하고 여간 예의 바른 것이 아니어서 그의 말을 잠잠히 듣고 있었다. 그는 내 친구 이름을 말하면서 같은 교회 출석을 한다고 했다. 이번에 생각지 않은 큰 도움을 받았는데 그 모두가 내 덕분이라는 것이었다. 자초지종은 이러했다.

청년은 아프리카 선교사로 떠나게 되어 있었다. 먹을 것이 귀한 현지에서 이웃에 나눌 수 있는 방법은 뻥튀기만 한 것이 없더라는 선배선교사의 조언을 들었다. 하지만 기계를 살 만한 여유가 없었다. 선교지로 떠날 날은 다가오고, 막막했다. 몇 사람에게 의논을 했는데, 그 말이 어쩌다 우리 친구의 귀에 들어갔던 모양이었다. 그 친구 역시 주변에서 조금씩 도와주는 것으로 지내고 있으니 어렵기는 매한가지였지만 청년이 마음에 걸렸다.

그 청년은 가끔씩 친구 집에 드나드는 봉사원을 대신해서 병원 약심부름도 마다하지 않았고, 급한 일이 생기면 싫은 내색 한번 없이 달려왔더란다. 주일날 교회

오갈 때도 휠체어에 앉혀주고 내려 주는 일도 그 청년이었다. 친구는 어떻게 하면 그 청년을 도울 수 있을까 생각 끝에 은행에 사정이라도 해 보고 싶었다. 그런 까닭으로 은행으로 전화를 했다가 뜻밖에 내 이름으로 송금이 된 것을 알게 되었단다. 친구는 그 돈을 찾아 그 청년에게 전했고, 청년은 예정대로 뻥튀기기계를 들고 떠날 수 있게 되었으니 참으로 감사하다면서 전화를 끊었다.

그런 일이 있은 후, 재래시장에라도 가면 모퉁이 어딘가에 꼭 있는 뻥튀기 장수에 눈길이 간다. 그리고 아프리카의 뜨거운 열기 속에서 젊음을 온전히 봉헌하고 있을 청년이 떠오른다. 굶주린 아이들에게 알곡 한 낱일망정 열배 백배로 튀겨서 나누고 싶은 그 청년의 마음. 어찌 간절하지 않으랴.

허기를 면하기 위해 뻥튀기를 기다릴 아이들. '뻥이요' 하는 외침을 들으면 귀를 막고 도망치던 우리들이었지만, 그 아이들은 언제쯤 뻥튀기가 "펑-" 하고 터져 나올지 가슴 두근거리며 빙 둘러 서 있을 모습이 보지 않아도 눈에 그려진다. 그리고 그 청년이 몸담고 있는 아프리카 선교현장에도 사랑과 나눔이, 그리고 뻥튀기가 펑- 펑- 폭죽 터지듯 날마다 쏟아졌으면 하는 마음으로 두 손을 모은다.(2011)

선한 사마리아 사람을 그리면서

골목 어귀를 돌아서면 제법 큰 채소가게가 있다. 오가는 사람들이 많아선지 그 가게 앞은 늘 북적거린다. 오늘따라 사람들이 가게 앞에 모여 웅성거리고 있다. "안 돼요. 더는 참을 수가 없다고요!"라고 소리치는 가게주인 앞에 한 젊은이가 쭈뼛거리며 서 있었다.

그 젊은이는 야채가게 앞에서 양말이며 밤 대추 등, 철따라 바뀌는 일상용품들을 팔고 있는 노점상이다. 품목이 다르니 좀 봐달라고 사정을 했다. 하지만 채소가게 주인은 젊은이에게 한 치의 드팀새를 주지 않고 몰아세웠다. 가게를 드나드는 손님들이 노점상 때문에 거치적거린다는 말만 앞세웠다.

가게주인을 바라보면서 나는 문득 오래전 일을 떠올렸다. 남편이 인도네시아 반둥Bandung에 있을 때의 어느 일요일이었다. 남편은 조사할 일이 있어서 일찍 예배를 드리고 사무실

직원들과 현장으로 떠났다.

사계절의 변화가 없는 그곳에는 우기와 건기 두 계절로 나뉜다. 마침 그때가 우리나라의 겨울인 우기였다. 우기가 되면 멀쩡한 날씨이다가도 오후만 되면 급작스런 돌풍과 함께 순식간에 소나기를 쏟아 붓는다. 그런 현상으로 시야가 온통 캄캄해져 차들이 다니기도 매우 위험하다. 대부분 오후 서너 시쯤에 일어나는 열대지방의 스콜현상이다. 그날도 어김없이 스콜은 시작되었다.

비가 그치고 사방이 어둑어둑해질 무렵이었다. 대문 초인종 소리가 요란하게 울리더니, 누군가가 다급하게 문을 두드리고 있었다.

일하는 사람이 뛰쳐나가 그 누군가와 한참이나 얘기를 주고받았다. 그의 전언은 "마담, 서둘러 병원에 가셔야겠어요." 였다. 병실에 도착해보니 예상했던 것보다는 나은 편이었다. 어깨뼈의 골절과 음료수 병들이 깨지면서 생긴 상처였다. 남편은 천천히 사고 경위를 설명했다.

스콜이 시작되기 전에 서둘러 출발을 했다. 산모퉁이로 돌아드는데 갑작스런 돌풍과 함께 새까만 구름이 앞을 가로막았다. 차가 기우뚱하더니 그만 핸들을 놓쳐버렸다. 차가 낭떠러지로 굴러떨어졌다. 날은 어둡고 빗소리는 세찬데다가 산길이라 지나는 사람도 없었으니, 십여 미터가 넘는 골짜기에

떨어진 차를 어느 누가 볼 수 있을까. 어쩌다 지나는 행인이 있다 해도, 장대비 속에서 구조요청하는 소리를 어찌 들을 수 있으며, 설령 듣는다 해도 누가 낭떠러지까지 내려와 구해줄 것인가. 망연자실해 있을 때 누군가 쿵쿵쿵 하며 차를 발로 차는 소리가 들렸다. 간신히 몸을 뒤척여 인기척을 냈다. 깨진 유리창으로 들여다보는 사람이 있었다. 다름 아닌 살고 있는 동네의 이웃집 남자였다.

오가다 마주치면 의례적으로 인사를 나눌 뿐 크게 호감을 가지고 있는 그런 이웃도 아니었다. 그 남자는 옛날 우리의 삼륜차보다 작은 '바자이Bajai' 라는 삼 인승 차로 영업을 하는 사람이었다. 칠은 다 벗겨진 폐차 직전의 고물차를 늘 우리가 살고 있는 집 대문 앞에 세워두었다. 자신의 집에 세울 곳이 마땅치 않아 그렇다지만, 미관상은 제쳐두고라도 출퇴근 때마다 차가 드나들기에 여간 복잡한 게 아니었다. 우리 운전기사도 그 남자에게 차를 치워달라는 말을 안 하는데, 외국인인 우리가 싫은 소리를 할 수가 없었기에 속으로만 끙끙 앓고 지내던 터수였다.

그렇게 지내온 사이인 그가 차창 안으로 얼굴을 들이밀었으니, 어찌 공교롭지 않으며, 놀라지 않았겠는가. 원거리에 일을 나갔던 그 남자가 집으로 돌아오느라 '바자이'를 끌고 산길을 지나는 참이었다. 늘 다니는 길이라 익숙하긴 해도 밖은 어둠침침한데다가 앞 유리가 온통 뿌연 상태였다. 앞뒤 분간이 어려운 중에 저 아래 낭떠러지에 뭔가 언뜻 직감으로 집히는 게 있었다. 낯익은 이웃집의 차라는 것을 생각해냈을 때는 사고지점에서 한참을 지나쳤기에 어렵사리 후진을 했다. 골짜기로 내려가서 급한 대로 자신의 옷을 찢어 지혈을 시키고, 구조대에 연락을 해서 병원으로 이송한 뒤, 우리 집에 와서 문을 두드렸다는 것이었다.

나는 환난에 처한 사람을 구해준 착한 이웃을 보면서 성경에 나오는 선한 사마리아 사람을 떠올렸다. 예루살렘에서 여리고 외딴 골짜기를 가다가 강도를 만나 죽어가던 나그네의 생명을 살린 사마리아 사람이다.

그날 이후 나는 집을 들고 날 때면, 대문을 가로막고 서 있는 이웃집의 '바자이'를 언짢게 보질 않았다. 아직도 눈에 선한 모습은 대문 앞에 흙투성이로 서 있던 그의 험상한 행색이다. 쏟아지는 빗줄기 속에서 미끄러지고 구르며 낭떠러지로 내려갔으니, 어찌 흙 범벅이 아니 될 수 있었으랴.

사십여 년이 지났어도 노상 일상을 다잡게 하는 내 기억의 편린들이 아직껏 생생하기만 하다. 살아 보겠다고 애쓰는 젊은이를 따뜻하게 보듬어 줄 수는 없다 해도, 더불어 살아가기는 어렵지 않으리라. 스스로 불편함을 감수하니 편편찮게 여겼던 이웃이었지만, 더 큰 사랑으로 되돌려 주지 않았는가. (2012년)

겨울밤 내 기도의 한 자락에

그날도 오늘처럼 눈보라치는 저녁이었다. 어디선가 "찹쌀떡이요, 찹쌀떡 사려!" 하는 소리가 들렸다. 이내 잘못 들은 게 아닌가 싶어졌다. 불을 끄고 막 자리에 누려던 참에 같은 소리가 또 한 차례 들려왔다. 재빨리 겉옷을 걸치고 아래층으로 내려갔다. 휘몰아치는 눈바람이 아파트 외벽에 부딪히면서 윙-윙- 소리를 내고 있었다. 얼굴이 금방 얼얼해졌다.

어디쯤에서 나는 소리였을까 두리번거리고 있는데 저만치에서 커다란 눈사람 하나가 움직이고 있었다. "찹쌀떡 사려고요." "예."라는 대답 소리와 함께 그 눈사람이 내 쪽으로 발을 옮기고 있었다.

꼭 떡을 먹겠다는 마음으로 그를 찾아 나선 것이 아니었다. 밤도 이슥한데 눈바람 속에서 헤매고 있을 그가 맘에 걸렸다. 바라던 대로 그의 찹쌀떡박스에는 두 개들이 한 봉지가 오롯이 남아 있었다. 만 원을 내밀었더니 거스름돈이 없다고 했다. 다음 날 갖다 주겠다는 말을 남기고 서둘러 빈 박스를 어깨에 둘러멨다.

돌아서는 그의 등 뒤에 조심히 가라는 말을 남기고는 재빨리 현관으로 들어섰다. 다시 돌아봤을 때는 방금 전보다 더 커다래진 눈사람이 되어 터벅터벅 눈밭을 걸어가고 있었다. 그날 이후로 나는 "찹쌀떡 사려!" 하는 목소리를 다시 들을 수가 없었다.

겨울이 오면 나도 모르게 "찹쌀떡이요!" 하는 소리를 행여 들을까 연신 귀를 기울인다. 밤늦은 시간이면 일부러 주방의 창가를 서성이며 마당 쪽을 내다보기도 여러 번이었다. 설마 하는 마음이 어찌 없었을까마는 그가 했던 '약속'을 믿고 싶었다. 해를 거듭 보내면서 그를 기다리는 마음이 차츰 서운함으로 변해갔다. 그러구러 후딱 네 해가 지나갔다.

그런데 오늘 밤. 눈 내리는 창밖을 바라보면서 지난 일을 되짚어 가늠하며 헤아려봤다. 그가 찹쌀떡을 팔던 그 저녁, 날은 차고 밤은 깊었었다. 갈 길을 서둘다 보니 내가 살고 있는 동 호수를 미처 묻지 못했을 것이었다. 그래서 마음을 먹었어도 찾아 올 수가 없었을 것이고. 어쩌면 아직까지 그 일을 기억하며 마음을 켕겨 하고 지낼지도 모르지 않은가. 나래도 그럴 수 있었으려니 싶은 마음이 들었다. 그런저런

상념에 잠겨 있는데 느닷없이 어린 시절의 어느 겨울밤의 정경이 떠올랐다

대여섯 살쯤이었을까. 가족들이 모두 저녁예배에 갔고 마침 우리 집에 들렀던 중학생인 큰집 오빠와 함께 집을 보고 있었다. 때마침 "찹쌀떡이요!" 하는 대문 밖의 외침이 들려왔다. 오빠는 나를 부르더니 주머니에서 꼬깃꼬깃한 지폐 한 장을 꺼내놓으며 찹쌀떡을 사먹자고 했다. 나는 캄캄해서 못 나간다고 했다. 오빠는 오빠가 마당에 서 있을 것이니 걱정하지 말라고 했다. 나는 오빠가 시키는 대로 대문 밖의 찹쌀떡장수에게 돈을 건네고 찹쌀떡 두 개를 받아왔다.

그날 처음 먹어 본 동글동글한 찹쌀떡! 냉큼 한 입을 베어 물었다. 엄청 쫄깃했다. 게다가 달콤한 팥이 탱탱하게 씹히지 않은가. 달달한 입맛의 감동이 채 가시지 않았을 때였다. 오빠의 혼잣말을 듣게 된 것이다. "짝이 틀려서 못 쓰는 돈인데 어두워서 그 장사가 몰랐구나."라며 키득거리는 거였다. 얼핏 흘려들었지만 아무리 어린 나이라 해도 뭔가 옳지 않다는 직감이 들었었다. 하지만 어머니께 고자질을 해서 그 오빠를 꾸중 듣게 할 수도 없는 일이라 판단

되었다. 한동안 어머니의 얼굴을 바로보지 못할 만큼 깜냥에 걱정을 많이 했지만 날이 가면서 그만이나 잊어버리고 말았었다.

찹쌀떡을 좋아해서 어른이 된 지금까지도 가끔은 먹는다. 그런데 웬일로 수십 년이 지나 까맣게 잊고 지낸, 어릴 적 그 겨울밤의 일이 느닷없이 이 저녁에 내 가슴을 치게 된 걸까. "어찌하여 형제의 눈 속에 있는 티는 보고 네 눈 속의 들보는 깨닫지 못하느냐?" 라는, '말씀' 이 내 가슴을 파고들었다.

그가 한시라도 빨리 자기 집으로 돌아가기를 바라는 마음으로, 그의 마지막 떨이를 해주는 사람이 되고 싶었던 나의 순정한 마음은 온데간데없어진 채 그토록 여러 해를 두고 겨울마다 그를 떠올리며 뜨악하게 여겼구나 싶어졌다.

옛날에 이런 일도 있었노라고 함께 이야기를 나누고 공유해줄 사람이 이제는 없다. 또래들보다 유난스레 장난기가 심했던 큰집 오라버니도 세상을 떠나신 게 벌써다. 흠 있는 반쪽자리 돈을 건네어 어렵게 지내는 사람을 더욱 어렵게 했을 그때의 허물을 거울 삼아 마땅한 일이거니 여긴다. 이훌랑은 오늘처럼 눈 내리는 겨울밤 내 기도의 한 자락에 '부디 그들이 어디에서든 잘 살게 하오소서!' 를 붙박게 하리라.(2015)

가슴 따뜻한 이야기

오래전 여행길에서였다. 런던 워털루 역에 도착했을 때는 늦은 밤 비가 내리고 있었다. 가까스로 택시에 올라 예약된 호텔을 찾아갔다. 단체손님으로 발 디딜 틈이 없는 프런트에서는 예약자 명단에 우리 이름이 없다고 했다. 난감하게 서 있던 남편은 서둘러 양복 안주머니에서 서류 한 장을 꺼내 지배인에게 건넸다.

예약확인팩스를 받아 든 지배인은 몹시 당황스러워했다. 손님이 많아 착오가 생겼다면서 몇 번씩이나 머리를 숙였다. 잠시 응접실에서 기다려 달라고 하더니 어디엔가 계속 전화를 했다. 한참이 지났을까, 지배인은 자기네 호텔보다 한 등급 높은 곳으로 모실 터이니 용서해달라며 다시 한 번 미안하다고 사과를 했다.

곧 이어 택시가 왔다. 그는 가방을 손수 트렁크에 실어주면서 기사에게 요금을 치렀다. 우리를 부탁하는 것도 잊지 않았다. 차가 현관 앞을 떠나고 있는데도 지배인은 허리를 굽힌 채 그 자리를 떠나지 않고 있었다.

택시는 빗길을 달리기 시작했다. 낯선 객지에서 그것도 자정이 가까운 시간, 또 다른 숙소를 찾아 간다는 것은 막막한 일이었다. 지배인의 말은 맞는 것일까. 엉뚱한 곳으로 끌려가는 것은 아닐까. 많은 생각들이 교차되었다. 얼마나 지났을까, 갑자기 시야가 밝아지면서 환한 불빛이 택시 안으로 들어왔다. 그리고 택시가 멈췄다. 가슴이 내려앉는 순간 누군가 문을 열었다.

"어서 오세요. 반갑습니다, ○○호텔 지배인한테서 전화를

받았습니다."

나도 모르게 경직된 몸에 힘이 빠졌다. 그제서야 환하게 웃고 서 있는 젊은이가 눈에 들어왔다. 그리고 안도의 한숨이 나왔다. 굉장히 규모가 큰 호텔이었다. 자정이 넘은 시각인데도 불야성이었다. 지배인은 아주 좋은 방을 준비했다면서 우리 가방을 들고 직접 안내를 했다. 엘리베이터에 올랐지만 정말일까, 하는 불안한 마음은 남아 있었다.

남편은 객실 문을 열고 안으로 들어섰다. 미처 들어가지 못하고 문 앞에서 머뭇거리고 서 있는 내 귀에 남편의 탄성이 들렸다. 이어서 빨리 들어와 보라는 소리가 다시 들려왔다. 그제서야 방문을 열었더니 남편은 창에 걸린 커튼을 벽 쪽으로 밀어붙였다.

런던타워브리지가 조명을 받아 화사한 그림으로 비쳤다. 요술나라에 온 것 같았다. 팔을 뻗으면 잡힐 듯했고 템스강이 창 아래 흐르고 있었다. 전망이 좋을 것이라는 지배인의 말은 틀리지 않았다.

이튿날 아침, 시내 관광을 나서면서 팁을 놓기 위해 지갑을 열었다. 1달러짜리가 하나도 없었다. 어제 환전한 영국화폐를 그냥 놓고 나왔다. 구경을 마치고 호텔로 돌아왔을 때는 말끔하게 정리된 탁자 위에 아침나절에 놓았던 팁이 그대로 있었다. 팁이 적었나, 혼자서 중얼거리는데 남편은 탁자 위에 있던 그 돈을 보고서 어이없는 얼굴을 했다.

"아니, 이 사람 큰 일 내겠네."

영문을 몰라 어마지두 서 있는 내게 큰 일 저지를 사람이라는 말을 서너 번은 했다. 그리고는 10파운드 지폐를 잘 보란 듯이 내 앞으로 내밀었다.

"10파운드는 우리 돈으로 일만 삼천 원이라고…."

며칠 건너 여러 나라를 다니며 환전을 하다 보니 1달러와 맞먹는 액수가 10파운드인 줄 착각을 했던 것이다. 다음 날은 2파운드를 베게 위에 얹어두었다. 오후에 돌아왔을 때는 그 돈이 없었다. 다음 날도 그 다음날에도. 첫날 10파운드가 적어서 안 가져갔을 것이라는 오해는 풀렸다.

영국을 떠나던 날, 객실에 몇 줄만이라도 감사한 마음을 적어 놓을 것을 고마움을 전하지 못한 것이 아쉬웠다. 자신들의 실수를 인정할 줄 알고 상대방의 입장을 헤아릴 줄 아는 호텔 지배인. 과분한 것은 바라지 않고 적으나마 성실하게 살려는 청소아주머니. 어쩌면 당연한 일일 테지만 그들의 배려와 성실함이 아주 소중하게 느껴졌다. 참으로 오래된 일인데도 그 때 일이 생각날 때면 아직도 가슴이 따뜻해진다.(1995)

마음 나누기

그날도 여느 날과 다름없었다. 오는 가을을 넘기기 쉽지 않으리라는 담당의사의 말이 이명처럼 울리고 있었다. 참으로 예단할 수 없는 하루하루였다. 시간은 멈춰버린 것 같다가도 여지없이 흘러가고 있었고 마침내 그 가을이 창밖에 오고 있었다.

내가 이 땅에 머물 수 있는 날이 언제까지일까. 누워있는 채로도 할 수 있는 일이 있지 않을까. 내일보다는 오늘이 나을 터인데 싶은 생각이 들었다. 불현듯 가슴을 스치는 생각은 아픈 사람에게 '전화걸기' 였다. 수화기는 손으로 들 수 있고 말하고 듣는 것은 할 수 있지 않을까. '전화걸기' 를 생각한 데는 나름 까닭이 있었다.

병상에 있으면서 가장 절실하던 것이 내게 공감해 주는 사람이었다. 대부분의 문병객들은 자신들이 알고 있는 지식과

정보를 제시하며 많은 위로의 말을 남기려 애쓴다. 어인 셈인지 그들이 돌아가고 나면 황량한 들녘에 덩그마니 혼자 서 있는 듯 가슴이 휑뎅그렁해졌다.

나에게도 누군가에게 나 아파죽겠다고 소리치고 싶은 때가 너무 많았다. 스물네 시간 진통제주사를 맞아도 수그러들지 않는 허리통증으로 많이 고통스럽다고, 돌아눕지도 못해서 천장만 바라보고 있는지가 몇 달째라고 속내를 드러내고 싶은 마음이 간절했다. 차라리 죽어버리고 싶다는 충동이 없었다면 거짓이었으리라. 신앙인이었기에 나 스스로 '말씀'을 떠올리며 가파른 심중을 다스려야만 했다.

때마다 내색을 하지 못한 것은 본디 타고난 성품 탓도 있겠지만 친정어머니의 영향이 컸다. 아이 넷을 낳으면서도 아, 소리 한 번 지르지 못했다. 어머니는 여자가 해산하는 일은 병이 아니라고 못을 꼭꼭 박으셨다. 수십 년을 그렇게 살아왔다.

나의 발병 소식을 들은 오라버니의 첫마디는 "의연해라, 하나님을 원망하지 마라."였다. 무슨 항변을 할 수 있으랴. 모든 걸 내 몫이려니 여길 뿐이었다. 그랬으니 교회에서, 친구들이, 자식들이 안부를 물어도 늘 괜찮다고, 잘 있다고 대답을 에두르며 지냈다.

그런 연유로 같은 처지의 환자들에게 귀를 기울이고, 언제

까지일지 모르는, 아직은 내 있는 삶으로 그들의 아픔을 들어 주며 공감을 전해주고 싶었다. 아무래도 낯익은 교회 성도들에게 마음이 먼저 쓰였다. 수화기를 들고 번호를 눌렀다. 여러 해 동안 병석에 있는 나이가 많은 어른에게다. 심드렁한 대답 소리였다. 노상 마주하는 가족도 쉽지 않은데 느닷없는 안부전화가 선뜻 마음에 가 닿으리라는 기대는 애시에 접어야 했다.

그날 이후로 나는 전화 걸기를 며칠 건너로 계속하였다. 차차로 통화시간이 길어지기 시작했다. 동병상련이었을까. 일상의 자질구레한 일들로 내 마음을 먼저 열어 보이니 상대방도 서서히 내 마음을 받아들이고 있었다. 날이 가면서 내 전화를 기다리기까지 했다. 연후에 자기의 식구들에게조차 꺼내 보일 수 없었던 속내를 풀어놓고 보면 어쩐지 살 것 같다는 말도 서슴지 않았다.

점차로 나와 통화하는 교회환자들이 늘어났다. 입원했을 때 이웃병실에 있었던 환우들과도 통화 인연이 이어졌다. 한 시간, 두 시간, 그들의 이야기에 정성스레 귀 기울였다. "그랬군요. 맞아요. 좋아요." 가슴을 치는 대답도 할 줄 모른다. 서너 마디로 맞장구를 쳐줄 뿐이었다. 그들의 아픈 소리가 귀에 들렸다. 그들의 울음소리에 귀가 열렸다. 상대방이 웃으면 따라 웃고 울면 함께 눈물바람을 했다.

내일을 내다볼 수 없는 힘든 상황이기에 더 어렵지 않게 속 깊은 마음이 통할 수 있었으리라. 병상생활이 길어지고 보면 외로움으로 움츠러들 수밖에 없다. 가족에게 부담을 주는 것이 마냥 짐스럽고, 상실감을 떨쳐버리지 못해 헤어나기가 쉽지 않기 때문이다.

전화를 나누다 보면 드물게는 목 놓아 섧게 울기만 하는 경우도 있었다. 마주 앉아 얼굴 표정을 읽을 수 없으니 음성으로 그가 어떤 상태일지 굳이 가늠을 해야 했다. 말로 하지 않아도 그의 마음 깊은 곳에 담아둔 아픔이나 두려움 고단한 삶까지도 고스란히 전해온다. 사람이 운다는 게 얼마나 가슴 미어지는 일인가. 알게 모르게 받은 상처가 얼마나 큰가.

그럴 때면 그를 채근하지 않고 잠잠히 기다리면 스스로 마음을 추스른다. 그렇게 눈물만 흘리고서도 막혔던 가슴이 뻥 뚫린 것 같다고 이야기 하고, 다 참고 들어주어서 여간 고마운 게 아니라는 말도 잊지 않았다. 위로는 꼭 말로 하는 게 아니라는 것을 거듭 깨닫게 했다.

노랗게 물든 은행잎 떨어지는 소리에도 가슴이 철렁하던 그때, 남은 날들이 너무 짧아서 간절함으로 두 손 모으던 시간들. 전화로 마음을 나누는 것이 내 삶의 유일한 통로가 되어주었음에랴. 되레 내가 위로 받으면서 그 암암하던 긴긴 터널을 빠져나올 수 있었다.

내가 아프지 않았다면 인생에서 정말 중요한 것을 모르고 살았을 뻔했다. 내 상처가 없었다면 남의 상처를 자신의 상처로 여기며 울어줄 수 있었을까. 비록 만날 수는 없어도 그들로 해서 마음 나누기를 배웠다. 귀 기울임으로 나누고 사랑하며 공감하는 법은 오래오래 내 가슴속을 훈훈하게 해줄 것이다.(2015)

사랑의 손길

"여기 ○○택배대요, 지금 가도 되겠습니까?"

시골에서 햅쌀을 부쳤노라고 연락을 해 온 것은 며칠 전이었다. 하루하루 기다려도 소식이 없더니 저물녘에야 택배기사의 전화를 받았다. 어서 오라는 대답을 하고 곧바로 현관에서 기다렸다. 잰걸음으로 뛰어나오지 못하는 나는 벨이 울리면 쉽게 문을 열어 주고 싶어서다.

택배기사는 도착하자마자 쌀을 어디에 놓을 것인가를 먼저 물었다. 바쁠 것이니 어서 가라고 했지만 소용이 없었다. 일초가 여금할 것인데 옥신각신하며 시간을 축낼 수는 없는 일, 그러마고, 대답하고서는 주방 옆 쌀독이 있는 자리를 일러주었다. 젊은 사람이 하지 않으면 누가 하겠냐면서 쌀독에 쌀을 붓고 남은 쌀 포대는 독 옆에 반듯하게 놓아주었다. 바쁜 일거리 잠깐이라도 시간을 벌어주고 싶어 문 앞에 서 있었건만 아무런 도움도 주지 못했다.

운임이 9천 원이라고 해서 만 원을 내놓았다. 거스름돈은 괜찮으니 어서 가라고 문을 열어주었다. 그는 한사코 손사래를 치다가 돌아갔다. 주방으로 들어와 듬직하게 자리 잡은 쌀 포대를 바라보니 괜히 마음이 짠했다. 고맙습니다, 고맙습니다, 허리를 몇 번씩이나 구부리며 건네던 순한 눈빛이 뇌리에서 떠나지 않았다. 어디를 봐도 억센 일이 몸에 배지 않아 보이는 40대 중반의 남자. 선걸음에 물건만 현관 입구에 부리고 서둘러 가던 다른 사람들과는 달라보였다. 실직한 가장은 아닐까, 언제부터였을까, 애들은 몇이나 두었을까, 이런저런 생각들이 마음을 무겁게 했다.

시장기가 들어 식탁에 앉았지만 좀 전에 있었던 일들이 머

리에서 떠나지 않았다. 두어 수저 뜨다 쌀을 받으러 나간 참이어서 식어버린 국을 다시 데워 한 모금 넘기다가 수저를 놓았다. 어느새 밖은 어두웠다. 할일 안 한 것처럼 개운치 않던 마음이 창밖 어둠으로 해서 더 심란해졌다. 차려진 밥상, 식사 전이면 한 술 뜨고 가라는 말이라도 건네 볼 걸. 김치 한 가지면 어떠랴, 달게 먹을 것인데. 밥을 먹여 보내고 싶다는 생각을 잠시나마 아니한 것은 아니었다. 처음 만난 사람이라 그가 쑥스러워 할까봐서 말을 못 꺼냈을 뿐이다.

건강이 부실해지면서 웬만한 생필품은 집에서 배달을 받고 있다. 그런 연유로 택배기사들의 방문이 잦다. 회사가 다양해서 매번 낯이 설지만 우체국택배나 집배원은 여러 해 우리 아파트를 담당하고 있어서 크게 체면 차리지 않고 무간하게 지낸다. 등기며 소포 등, 책배달이 남다르게 많은 우리 집. 일주일이면 서너 차례씩 현관문을 두드린다. 땡볕 쨍쨍한 날은 냉수 한 대접으로 목을 축이고, 겨울이면 따끈한 보리차 한 잔으로 언 손을 녹이기도 한다. 가끔씩은 거실에 올라와 과일 몇 쪽으로 입맛을 다시고 갈 때도 있었다. 이렇게 젊은이들과 임의로운 처지가 된 것은 오랜 세월 들고 난 때문이기도 하고, 내가 그들의 어머니뻘이어서 허물없이 지내게 된 것 같기도 하다.

어쩌다 일반택배를 이용할 때면 불편한 일이 없지는 않았다. 그러던 하루 나름대로의 사정이 있음을 듣게 되었다. 배달한 숫자만큼 노임을 받으므로 늘상 다급하다는 것이다. 물량이 많아지는 명절쯤에는 몇 날씩 트럭에서 밤을 새운단다. 자정까지 물건을 나르고 다음 날 배달할 물건을 정리하느라 두어 시간도 눈을 붙일 수가 없다는 얘기였다. 그런 까닭을 알게 된 뒤부터는 몇 시쯤 도착할 것이라고 연락을 받게 되면 기사들이 헛걸음치지 않도록 꼭 기다려 물건을 받았다. 가벼운 물건일 때는 내가 일찌감치 아파트 마당으로 내려가 서서 기다리기도 했다.

그가 돌아간 뒤 내내 마음이 편치 않은 것은 생전의 어머니 말씀이 떠올라서였다. 네 집 지붕 바라보고 온 사람 그냥 보내지 말라고 늘 일러주셨건만, 그만 허투루 했나 싶어서였다. 저녁 한 끼 먹게 했으면 이리도 불편하지 않으련만. 구멍가게에서 군것질도 할 수 없어 어린애들도 반겨하지 않는 천 원 한 장. 김밥 한 줄 값도 못되는 그 액수 때문에 내 깊은 마음 속에서 생색을 낸 것은 아닌지 부끄럽기도 했다.

이 저녁 그가 베푼 사랑의 손길이 유독 마음 쓰이게 하는 날이다. (2011)

| 제4부 |

그리운 사람

마음 꽃

은옥진 선생님께

안녕하세요.

오늘은 수필과비평 작가회의 사무차장이 아닌 우리 어머니 황의순님의 딸로 인사를 드립니다.

얼마 전 어머니의 서랍장에서 무언가를 찾다가 은 선생님의 편지를 발견했습니다. 친필로 쓰신 편지와 함께 대봉투에 담긴 검정색 핸드백을 볼 수 있었습니다. 선생님께서 어머니께 보내드린 선물임을 알 수 있었습니다. 포장지도 미처 버리지 않은 것으로 봐서 어머니는 그게 고맙고 아까워 한 번도 사용하지 못하신 듯합니다. 어머니와 우애하시고 서로 아끼셨던 것 같아 가슴이 뭉클했습니다. 그래선지 은 선생님이 더욱 친숙하게 느껴집니다. (중략)

서영주 씨

지난여름 영주 씨가 내게 보낸 편지 답장을 이제야 쓰고 있습니다. 이렇게 영주 씨에게 편지를 쓰고 있자니 나도 모르게 그리운 그 이름, 황의순 여사님~~ 하고 큰 소리로 불러보고 싶습니다. 얼마 만에 불러보는 다정한 이름인지요.

영주 씨는 내가 쓴 편지와 그 핸드백이 어찌해서 어머니 서랍장에 있는지 궁금하게 여겼을 것입니다. 오늘은 그 경위를 얘기 해야겠군요. 영주 씨의 편지를 받은 시점도 마침 연꽃이 피어있을 7월이어서 한 음절 한 음절을 또박또박 읽어내는 내내 어머니와 보냈던 그 하루가 눈앞에 어렸습니다.

서울촌뜨기 전주입성

장맛비가 한참인 때였어요. 연꽃이 만개했다는 김용옥 시인의 전화를 받고 몇몇 친구들에게 연락을 해서 다음 날 새벽 KTX열차를 탔습니다. 2004년 7월 27일이었지요. 갑작스런 전화 한 통으로 하룻밤 사이에 여장을 꾸려 용산역에 모인 주부들 여섯은 연꽃 구경을 위한 일탈을 몹시도 감격스러워 했습니다.

전주가 고향인 나를 제외하곤 전주 나들이가 처음인 서울 촌뜨기들이었으니 저마다 가슴이 풍선처럼 부풀었겠지요. 음식이며 맵시 솜씨 등, 예향인 전주에서 자랐음을 노상 뽐냈던 나는 덕진 연지의 규모와 홍련紅蓮의 아름다움은 우리나라 어디에서도 비견하기 어려울 것이라고 큰 소리를 쳤었거든요.

전주역에 도착하니 빗줄기는 그치고 어느새 푸른 하늘만 드높았습니다. 역사 안에 들어서자마자 언제나처럼 소탈한 입성으로 환하게 웃고 계시던 여사님께서 "먼 길 오시느라 얼마나 애쓰셨대요?"라며 두 팔을 벌려 나를 반가워라 안아주었습니다. 여사님께서 마중을 나오시리라고는 꿈에도 생각을 못했어요. 옆에 서 있는 유인실 부장이랑 김용옥 시인이랑 인사를 나눈 뒤 우리 일행은 대기하고 있는 봉고에 올라 곧장 덕진 연지蓮池로 향했습니다.

연꽃잔치

수만 평이나 되는 너르디너른 연지에 가득한 분홍색 꽃들. 햇볕이 강해지면 빨간 자태가 분홍으로 퇴색한다는 신비로운 꽃. 꿈에서도 본일 없는 그 화사함에 넋을 잃은 듯

"세상에나, 세상에나!"

촌뜨기들은 그 말밖에 할 줄을 몰랐습니다.

홍련과의 대면 세 시간, 성대한 연꽃잔치는 꿈결처럼 흘렀고 점심은 다가동의 콩나물국밥과 모주였습니다. 그 유명한 먹을거리도 처음인지라 일행들은 말을 잊은 채 그저 감식하기에만 바빴습니다. 점심을 끝내고 전동성당과 경기전,

한옥마을을 들러 이번엔 김제 청운사로 백련白蓮을 만나러 갔습니다.

청운사 그 고즈넉한 사찰의 정경. 야트막한 언덕에 조성한 백련꽃밭. 하얗다 못해 순정한 청백이라 할까. 건듯 바람이 불어 오갈 때마다 살랑대는 연잎들의 군무만도 장관이요 황홀한 천지인데 금상첨화로 입맛까지 실컷 호강을 누렸습니다. 김 시인의 지인이신 도원스님이 손수 마련하신 백련차며 연잎과 연밥으로 만든 요리를 싸들고 금강 하구의 노을과도 작별하고 익산에서 귀로에 오르기까지 꼬박 하루 일정을 여사님과 함께한 날이었습니다.

지고지순至高至純은

서울에 돌아와서 얼마 후 어느 날 우연히 백화점에 들렀습니다. 핸드백 하나가 내 눈에 쏙 들었어요. 문득 여사님 생각이 났고 허투루 쓰기도 좋으려니 싶어 고른 것이었지요. 한데 그 가방을 상용하지 않고 고이 모셔두기만 했었다니 지금 제 가슴이 아립니다. 집안일, 사무실 일에 돌아치다 보면 언제 한번 제대로 차려

입을 겨를도 없었을 테지만 그래도 한 번쯤은 핸드백을 손에 들고 나가실 일이 있으려니 싶었는데요.

얼마 뒤 여사님께서 병원에 계신다는 소식을 듣고서 놀란 마음으로 문병을 갔었지요. 무턱대고 서울로 가시자고 권을 했습니다만 "여기 병원도 좋고만요. 그리고 내가 서울로 가면 그 양반이 얼마나 답답하시겄어요? 사무실 일도 보통 많은 게 아니잖어요?"라고 말씀하셨어요. 교통수단이라고는 자전거 하나밖에 없는 사장님과 일에 밀리는 사무실을 차마 떠날 수가 없었던 게지요.

영주 씨도 기억할 것입니다. 여사님께서 전주근교로 정양을 떠나 계실 때를. 날마다 자전거로 수십 리를 달려 여사님께 들른다는 사장님의 얘기는 지어미를 고이는 지아비의 애틋한 정애가 곱다랗게 스민 한 편의 드라마나 소설 속의 한 장면이었습니다. 나는 지고지순이라는 어휘가 순정한 여인들에게만 가당한 형용이 아님을 그때에 깨달았습니다.

요즘 세상에 보기 드문 순정한 사장님은 아내에게뿐 아니라 문학발전에 기여한 공로도 참으로 지대합니다. 물질제일주의 세상에서 10년이 넘는 세월 동안 무상으로 《수필과비평》과 다른 문예지들을 독자들에게 나누셨습니다. 단순히 문학을 사랑하는 마음 하나만으로 이룰 수 있는 일이 아닐 것입니다. 그 모두가 여사님의 후덕함에 기인된 일이 아닐는지요. 세상에 재물을 탐하지 않을 사람이 어디 있을까마는 곁에서 말없이 지켜봐 준 아내의 힘이 제일 컸으리라 믿습니다. 번듯한 입성 한 번 제대로 갖춰 본 일 없었으니 얼굴에 분칠인들 몇 번이나 하셨을까요.

선과善果를 맺었으니

"은 선생님. 어머니는 떠나셨어도 그 딸이라는 이유만으로도 많은 분들이 저를 이뻐해주고 사랑해 주셔서 어머니께 감사합니다. 선생님께서 건강 때문에 모임에도 못 오시지만 언젠가 오시게 되면 저도 어머니처럼 선생님 좋아하시는 비빔밥 사드릴게요."

맞아요. 영주 씨가 어른들께 사랑 받는 것은 순전히 어머니가 쌓으신 덕일 것입니다. 그래요, 나 건강해지면 영주 씨가 사주는 비빔밥 먹으러 가리다. 참 어머니가 가꾸시던 그 많은 화분들은 어찌하고 있나요. 마당에 거실에 올망졸망 놓여있었는데….

여름이 오면 새벽마다 아버지 서 사장님께서는 덕진 연지를 자전거로 한 바퀴씩 돌아오신다고 들었는데 올 여름에도 지난여름에도 연꽃 피어나는 소식을 누구에게 알리셨을까요? 요즘에도 가끔 여사님과 함께했던 여름날을 떠올립니다. 폭염 속이었지만 무더위는 생각나지 않고 은은했던 연향만 가슴 가득합니다. 아직껏 가슴에 스미는 그 향기는 여사님을 떠올리며 영원한 추억으로 간직하고 싶습니다.

순수하게 청백색으로만 이루어진 백설 같은 연화蓮花 속에서 우리 만났던 날, 그 절절한 그리움을 어찌할까요. 비록 눈에 띄지 않는다 해도 검소하고 근면하게 그리고 따뜻한 품성으로 많은 이들에게 남기신 그 흔적을…. 연밥 같은 선과善果를 맺으셨습니다. 그래서 해마다 피어나는 저 연꽃인 양 백련 향기로 내게 남은 여사님을 두고두고 나의 '마음 꽃' 으로 가슴에 여미고 살아갈 것입니다. 영주 씨, 나에게 이글을 쓸 계기를 마련해주셔서 정말 감사합니다.

부디, 아버님 잘 모시고 내내 안녕하십시오.(2013)

나의 멘토

나는 허공을 향해 화살을 쏘았네
화살이 떨어진 곳이 어딘지 몰랐네
나는 허공에 노래를 불렀네
노래가 떨어진 땅이 어딘지 몰랐네

선생님을 뵌 것은 1994년 초여름이었다. 그날부터 그분은 나의 멘토Mentor가 되었다. 그리고 여덟 해가 되는 오늘, 가신 선생님을 기리며 추모의 글을 쓰고 있다. 선생님의 높은 인격과 문향 한가득 어린 작품들, 그리고 오랜 연륜에서 오는 외경심 등 열거할 내용들이 수없이 많기만 하다.

딱딱한 성싶어도 함초롬 윤택을 머금은 촉촉한 심성의 바탕이 누구에게나 로맨티스트라 추앙을 받기에 부족함이 없었다. 외양이 말쑥하거나 그들먹하게 수식하는 스타일도 아니었다. 스스로를 다지는 사람일수록 자유분방함이 힘들고 버거울 터인데도 수필모임에서는 농담도 곧잘 하셨다.

매주 한 차례씩 얼굴을 마주하는 일은 부모형제도 어려운 일이다. 그렇게 다섯 해를 수필 모임에서 마주했지만, 여학교에서 가르친 제자에게까지도 말씀을 낮추지 않는 선생님의 결곡한 언행이셨다. 일생을 강단에서 학문 하나로 삶을 통섭하셨으니 영향력으로 치면 탁월할 수밖에 없을지나 스스로의 학문적 성취를 자랑하신 적도 일절 없으셨다.

"내 어쩌다 문학을 사랑했더니 노후에 이리도 외롭지 않게 여러분을 만날 수 있고, 자식한테 기대지 않고 내 관리를 할 수 있으며, 원로라고 대접을 받고 있으니 뿌듯함이 비길 데 없습니다."라고, 말씀하며 소년처럼 웃으신 선생님의 옛날 모습이 지금껏 눈앞에 삼삼하다.

지난 6월초, 서둘러 나의 두 번째 작품집《매화 가지에 꽃댕기》를 출간했다. 선생님 생전에 상재하고 싶었다. 작년 8월부터 투병생활을 시작한 선생님이 첫 번째 항암치료부터 힘겨워 하시더니 날이 갈수록 병세가 깊어졌다.

출간된 책을 들고 몇몇 문우들과 함께 선생님 댁을 찾아 간 날이었다. 보름 전 스승의 날에 뵈었을 때보다 눈에 띄게 수척해지셨다. 책을 펼쳐보신 선생님은 "참 큰일 했습니다, 글 안에 삽화도 참 곱고요. 따님이 애 많이 썼군요. 내 건강했다면 우리 함께 모여 출판기념회라도 할 것인데."라며, 창문 밖으로 눈길을 향해 보내셨다.

오전 내내 우리들이 오는 것을 기다리셨는데 잠시 앉아 계시는 일조차 어려워하신다는 사모님의 귀띔에 서둘러 일어섰다. 현관문을 나서다가 《수필과비평》에서 준비하고 있는 선생님의 특집을 어떻게 끝마쳤는지 사모님께 여쭈었다. 선생님과의 대담형식으로 김시헌 선생님이 그 인터뷰를 맡아 하실 예정이었다.

사모님은 엊그제로 약속까지 했었지요. 요즘 갑자기 상태가 안 좋으시어 그만두었어요. "사적인 일도 아닌 대담 특집인데, 친구는 앉아서 묻고, 나는 감히 누워서 친구 말에 어찌 대답을 할 수 있겠느냐." 라고 말씀하신 선생님 생전의 육성을 전해주셨다.

선생님은 친구이기에 더 갖추고 지켜야 할 것이 예의라고 언젠가 말씀해주셨다. 당신의 말씀대로 몸소 따르신 선생님. 나는 집으로 돌아오는 길목에서 내내 그분의 말씀을 되새겼다. 후에도 뵙고 싶다 몇 차례 전화를 드렸지만, "말씀이 어눌해지고 누구도 만나기를 꺼려한다."는 말씀만 전해 들었다.

이제는 세상에서 선생님을 영영 못 뵙는다는 사실 앞에서 선생님과의 남달랐던 인연을 생각하자니 눈시울이 절로 뜨거워진다. 선생님은 우리 아이 이름을 지어주셨다. 이름을 예쁘게 짓고 싶다고 걱정하던 딸아이는 선생님의 작품도 읽었기에 한학에 조예가 깊으신 것도 알고 있었다. 그런 연유로 해서 새벽 '서' 비칠 '영', '서영'이라는 이름을 얻게 되었다. 우리 가족은 그 아이 이름을 부를 때마다 선생님을 떠올릴 것이다.

잊을 수 없는 또 하나의 정경이 있다. 두 해 전 초여름 선생님의 금혼식 잔치에 간 일이 있었다. 부부 해로는 물론 자녀들도 무탈해야만 그 잔치를 베풀 수 있으니 참으로 귀한 자리였다. 이응백 선생의 집례로 거행된 예식은 문단 원로들의 축사와 더불어 선생님 내외분의 이중창으로 식을 마쳤다.

선생님은 50여 년 동안 아내의 생일인 5월이 오면 마음의 증표로 '생일 축시'를 아내에게 바쳤고, 사모님께서는 그 '사랑의 시문'을 모아 책으로 엮었다. 아내를 위하여 뭐 하나 번듯하게 해줄 수 없는 살림이어서, 글로서 대신했다는 선생님. 여인들이면 누구나 갖고 싶어 하는 보석도 호사스런 옷도 변변히 없었지만, 남편의 축시만을 유일한 자랑으로 모셨다는 사모님.

두 분의 모습은 그날 많은 하객들의 부러움을 샀다. 해가 바뀌어도 한결같은 그 모습으로 그 자리에 그렇게 계실 줄만 알았다. 하루속히 쾌차하시어, '사랑의 시'를 오래오래 이어가시라고 두 손 모았건만. 긴 세월 가꿔 오신 사모님과의 도타운 정분 어찌하고 그 손을 놓으셨을까.

투병생활 중에도 작품을 쓰셨다. 6월에 출간된 《꿈과 꿈》 작품집은 《수필과비평》사가 서둘러 미발표 원고를 챙겨다가 엮은 책이다.

그 동안 여섯 권의 에세이집과 한 권의 에세이 작법 이론서, 그리고 많은 불문학 번역서 등 500여 편에 가까운 작품들이 있다.

기교를 부려서는 아니 되며, 머리가 아닌 가슴으로 쓰는 글이어야 한다고 누누이 일러주시던 그 가르침. 나름대로의 개성을 높여주시고 사고의 여유로움은 인정하면서도 제재에는 엄격하셨다. 그 흔한 빨간 볼펜도 검정 볼펜도 아닌, 연필로 조심스럽게 어설픈 곳을 지적해주시던 그 손길. 그런 어른을 스승으로 모실 수 있었음은 아무리 생각해 봐도 나에겐 큰 복이다.

프랑스의 문호 알랭Amile A Alain을 틈틈이 일러주시어 그를 기억할 수 있게 해 주셨고, 보들레르와 말라르메의 시구들을 불어로 낭송하시던 그 모습. 알아들을 수 없는 어휘들이지만 운율이 아름답고 진지한 선생님의 분위기가 그렇게도 근사했는데 . 가슴에 그려진 삽화로 오래오래 간직될 터이다.

정봉구 선생님, 나의 존경하는 멘토님!

이제 더 이상 우리 곁에 안 계시지만 우리에게 들려준 조용하면서도 깊이 있는 말씀과 문학에 대한 열정은 우리들 마음속 깊이 자리할 것입니다.(2002)

세월이 흐른 뒤 참나무 밑둥에
그 화살은 성한 채 꽂혀 있었고
그 노래는 처음에서 끝구절까지
친구의 가슴속에 숨어 있었네
(롱펠로우 〈화살과 노래〉)

금아 선생님

비원 앞 이화회관에서 수필산책문학회 모임이 있던 날이다. 개회사에 이어 금아 선생님의 짧은 말씀을 들은 후, 박연구 선생이 내 옆으로 오셨다.

"은옥진 씨, 오늘 차 가지고 왔어요?"

"예."

"지금 밖에 비가 오고 있어요. 금아 선생님 오래 앉아 계시기 어렵거든요. 댁까지 모셔다 드리면 좋겠는데요."

밤에 운전을 해본 일이 없다고 말씀드리고 싶었지만 핑계로 여겨질 것 같아서. 예, 라고 얼른 대답을 했다. 몹시 난감했다. 내가 올 때까지는 멀쩡한 날씨였다. 모임에서 사용할 커다란 짐이 있어서 차를 가지고 왔지만 끝날 무렵에 집에서 데리러 오기로 했던 것이다.

운전하는 사람이 어찌 나뿐일까만 언제가 집 방향이 같은 이응백 선생님을 모셨던 일을 기억하신 것 같았다. 빗길이니 우선 걱정이 되었고 그보다도 금아 선생님이라서 더욱 긴장이 되었다. 택시 생각을 하지 않은 것도 아니다. 그러면서도 잘 모셔다 드리고 싶은 마음이 없지는 않았다.

길을 잘 모른다는 말씀부터 드렸더니 일러 줄 것이니 염려하지 말라셨다. 선생님께서는 차에 오르기 전에 옆에 서 있는 분을 가리키면서, "이분은 허윤정 시인예요. 오늘 나를 에스코트하고 왔어요. 허 시인 남편이 내 제자거든요."라고 소개를 하셨다. 인사를 나누고 운전석에 앉으니 벌써 등에서 식은 땀이 나기 시작했다. 불안한 티를 내고 싶지 않아서 먼저 음악을 켰다. 모차르트 바이올린 소나타가 흘렀다. 그즈음 듣고 있는 카세트테이프였다. 선생님 취향이 어떠실지 마음이 쓰였는데 이내 연주자가 누구냐고 물으셨다. 엊그제 예술의전당에서 연주를 한 안네 소피 무터라 말씀드렸더니 선생님께서도 아끼는 연주자라면서 그날 다녀왔노라고 흐뭇해하셨다.

소피 무터의 연주 이야기 덕분에 차 안의 정서가 한결 유연해졌다. 선생님의 말씀이 내내 이어졌다. 빗물이 흐르니 아스팔트 차선이 제대로 보이질 않았지만 나는 반포성당 옆 선생님의 아파트까지 최대한 집중력을 발휘했다. 아파트 현관 앞에서 돌아서려다가 엘리베이터가 없다는 걸 생각해냈다. 계단을 오르고 안으로 드실 때까지가 내 할 일이려니 싶었다.

선생님 댁 현관 앞에 가서야 작별 인사를 드렸다. 선생님은 빗길 운전하느라 고생했는데 차 한 잔이라도 들고 가야지 그냥 갈 수 있느냐며 정색을 하셨다.

작은 방의 면면이 낯설지가 않았다. 손바닥만 한 크기의, 여배우 버그만의 사진이랑 나지막한 책장에 담상담상한 서적들. 글에서 읽은 모습 그대로 정결스러웠다. 잠시 둘러보는 사이에 선생님 음성이 등 뒤에서 들렸다.

"서영 어머니, 차 주세요. 토스트도 주시고요."

저녁 전이라는 것을 헤아리심이었다. 허리가 기역자로 구부러지신 어른께 손님대접을 받는다는 게 여간만 면구스런 게 아니었다. 난감했던 빗길 운전이 아무것도 아니었다. 부지런히 차를 마시고 일어서려는데 아직은 초저녁이라면서 앉으라 하셨다. 소피 무터의 연주회 이야기. 글은 어떻게 쓰고 있는가. 《에세이문학》 몇 호에 실렸는가. 연필로 메모지에 내 이름과 작품 제목을 적으셨다. 그리고는 저서에 사인을 하시다가 "서영 어머니, 계란도 삶아주셔요. 시간은 6분만 하셔요."라고 부탁을 하셨다.

바늘방석이었다. 이내 일어서는 나를 옆방으로 안내하셨다.

"우리 난영이예요." 선생님 작품에서 읽었던 인형 난영이가 누워 있었다. 글에서도 딸처럼 여기시더니 내게 소개하는 것을 보니 아직도 살붙이로 생각하시는 게 역력했다. 그때 사모님이 난영이 방으로 들어오셨다. 난영이가 덮고 있는 이불을 가리키며 "이 이불 내가 떴어요."라며 나를 바라보는 눈빛에 함빡 웃음이 고였다. 색색의 털실로 네모반듯하게 떠서 하나하나 이어붙인 이불이었다. 영락없이 칭찬받고 싶어 하는 어린아이의 표정이었다. 난영이 옆에 있는 소꿉상자를 만지작거리며 설명을 곁들였다. 빙그레 미소를 짓고 계시는 선생님도 마냥 소년이셨다. 굽은 허리를 슬쩍 펴시며 즐거워하는 모습이 어찌나 순진무구하던지, 화기애애한 그 분위기를 차마 떨치고 나올 수가 없었다.

틈나는 대로 와서 영시를 공부하자셨는데 선뜻 대답을 못했다. 내가 좋아하는 셸리나 테니슨, 워즈워스의 이야기들을 어찌 듣고 싶지 않을까마는 기역자로 굽은 사모님께 폐를 끼칠 염치가 없어서였다. 그날의 느낌대로라면 뭔가 서성이면서도 즐겨 열심히 시중 들건만은 분명했다.

그로부터 한참 시간이 지나서 어느 문우와 통화를 하게 되었다. 그날 선생님 댁에서 겪었던 얘기의 말미에 시를 배우러

오라고 하셨다고 했더니 그 문우가 깜짝이나 놀랐다. "아니 그럴 리가요. 그분은 젊은 여자를 좋아하시는데."라며.

그때 내 나이 오십이 넘었고 예쁘지도 않으니 허풍을 떨었나 싶은 오해를 받기에 딱 맞았다. 다시는 그날 있었던 일들을 어디에서도 드러내지 못했다. 선생님이 작고하셨을 때는 가슴을 서늘하게 하는 바람이 일었다. 사랑스런 어린애의 모습이던 사모님도 눈에 그려졌다. 이응백 선생님도 박연구 선생님도 이제 모두 안 계신다. 가끔은 금아선생님께서 면지에 친필로 내 이름을 적어주셨던 저서 《내가 사랑하는 시》, 《생명》을 펼쳐보곤 했다. 오늘이 바로 그런 날이다. 책장을 덮으니 곁에서 멀어진 금아 선생님과의 12월 어느 날의 사연들이 새삼 정겨움으로 다근다.(2018)

우리 태형이 파이팅!

할머니는 오늘 네가 한 번도 받아보지 않았을 긴 글을 쓰고 있단다. 성탄절 카드에 썼던 짧은 내용이 아니란다. 어쩌면 네 또래들이 싫어하는 잔소리라 여겨질까 걱정도 되지만, 우리 태형이가 외할머니의 모처럼 이야기를 끝까지 잘 들어 주리라 믿고 싶다.

사랑하는 우리 태형아!

너는 하나님께서 주신 선물, 이 세상 무엇이 우리 태형이보다 더 소중하랴. 친가에서도 외가에서도 하늘만큼 넓고 큰 사랑을 받고 있음을 알고 있을 것이다. 그 사랑이 어디 눈에 보이더냐, 손에 잡을 수도 없는 무형의 것이지만 너는 느낄 수 있을 것이다. 네가 어릴 때 친가에 갈 때마다 네 할아버지께서 행여 너의 발이 땅에 닿을세라 항상 업어 주셨다는 말을 네 엄마에게서 들었다. 네가 얼마나 귀하고 사랑스러웠으면 그리하셨을까?

우리 멋진 태형아, 엊그제 네 엄마에게서 전화를 받았다. 태형이가 게임하느라 공부를 멀리한다며 엉엉 울더구나. 그런 네 엄마 모습은 처음이었어. 이 세상 모든 엄마들은 자식이 엇나갈 때 가슴이 미어진단다. 오죽하면 그리도 섧게 울었겠니. 어쩌면 그 시간에 네 엄마는 너를 혼내고 마음 아파서 울지 않았을까. 아니면 답답한 마음을 눈물로 기도한 것이라고 나는 짐작했었다.

귀하고 귀한 우리 태형아, 네가 세 살쯤이었을까. 우리 집에 왔을 때였다. "우리 강아지 왔는가?" 하면서 너를 꼭 안아줬더니, "할머니 나 강아지 아니고요. 김태형이에요."라고. 그렇게 똘똘했던 우리 태형아, 아파트마당을 지나가다가도 아무나 못 보고 지나치는 허물 벗은 매미껍질을 주워오고 여러 종류의 곤충을 기르며 나중에 곤충학자 파블로가 되겠다던 너의 꿈을 할머니는 기억한단다.

양재초등학교에서 네 누나와 네가 해를 걸러 회장 부회장으로 선출되었던 일이며, 영재로 뽑혀 연세대에서 공부하던 일, 할머니가 좋아하는 첼로를 연주하던 네 작은 손가락이랑, 서초구 야구선수로 그라운드를 누비던 너의 씩씩한 모습이랑, 어디 그뿐일까. 어버이날이면 네 누나랑 할머니에게 그림편지를 보냈던 게 지금도 벽에 있잖니. 이렇게 너의 흔적은 내 가슴에도 고스란히 남아있단다.

지금도 할머니 침대머리에는 네가 누나랑 벤쿠버에 있을 때에 찍은 사진이 걸려 있단다. 할머니는 그 사진을 하루에도 몇 번씩 바라보며 우리 태형이가 어서 책상 앞에 차분히 즐겨 앉기를! 그래서 나의 딸인 네 엄마가 예전처럼 환한 웃음 속에 희망차기를 소원한단다. 네가 커서 때때로 할머니를 생각하게 될 때 난 이 세상에 없겠지만 너를 위해 이 편지를 쓰고 있단다.

사랑하는 우리 태형아, 이제 어엿한 고등학생이 되었구나. 너는 자신이 그저 되었다 여길지 모르겠구나. 하지만 할머니는 한 해가 가고 새해를 맞을 수 있는 일이 결코 누구나 쉽게 누릴 수 없는 큰 축복임을 알고 있단다. 어제 세상을 떠난 사람이 기대하고 소망했던 내일이 바로 나의 '오늘' 임을. 암 수술을 한 후에야 이 '오늘' 이 얼마나 소중한 것인지 할머니는 정말 똑똑히 깨달았단다.

이제도 할머니가 간절히 소망하는 것은 호의호식하며 세상을 살고 싶다는 게 아니란다. 한참 자라고 있는 서영이 태형이, 네 사촌인 병준이, 희준이 어린 지섭이까지 무럭무럭 건강하게 잘 자라는 것을 바라보고 살고 싶은 바였다. 정말 그랬었다. 병원에서 머지않아 내 삶이 끝날 거라 했을 때도 고등학생이 되고 대학생이 될 너희들의 모습을 날마다 그려봤단다. '오늘'이 너무도 후딱 가버리더구나. 네가 비록 몇 달을 소비했다고 해서 큰 일이 나는 것은 아닐 터이다.

사랑하는 태형아!

'나는 잘될 것이다.'를 날마다 외어보자꾸나. 피그말리온 효과(Pygmalion Effect)를 알 것이다. 밀가루 뭉친 것을 배가 아픈 사람에게 먹였더니 효과가 있었던 플라시보효과(Placebo Effect)처럼, 영어의 Effect는 효과가 실증된 경우에 붙이는 단어이니 Pygmalion Effect는 분명 허구가 아니란다. 우선은 게임이 신기하고 재미있겠지만, 너에게 찬란한 아침햇살로 떠오를 빛나는 미래가 남겨져있음을 나는 믿는다. 우리 태형이는 엄마 아빠의 기쁨이요 우리 하나님의 영광이요 나 외할머니의 자랑이 될 것이라고.

태형아, 우리 태형이 파이팅! (2014)

촛불을 켜는 마음

이맘때가 되면 깊숙이 넣어 둔 크리스마스장식품을 꺼낸다. 먼지를 털고 고리가 빠진 것은 수선을 하고 해진 곳을 기워서 트리에 매달았다. 트리 장식은 끝마쳤을 때도 흐뭇하지만, 하나하나 들여다보며 손질을 할 때도 마음이 설렌다. 해가 바뀌면서 새로운 장식품이 더해지기도 한다. 해마다 커나는 손자들이 유치원에서 만들어 온 동물형상이나 울긋불긋한 공모양의 소품들을 제 손이 닿는 트리 아래쪽에 조롱조롱 매달기 때문이다.

여행길에서 사 온 장식품도 여럿이다. 암스테르담에서 만난 도자기에 채색된 아기예수와 동방박사 인형들, 외손녀 서영이가 밴쿠버에 있을 때 보내준 크리스털 천사. 노르웨이 산타의 고향에서 아들이 들고 온 목각종과 새들. 사위가 출장길에 가져 온 마구간의 아기예수 모습은 손톱만큼 작아도 앙증

하다. 금방이라도 포르르 날아갈 것 같은 비둘기 두 마리. 행여 바스러질까 비행시간 내내 가슴에 안고 오지 않았던가. 이십여 년이 지났으니 흰빛이 누리끼리해졌어도 아직은 트리 우듬지에서 반짝이는 별과 함께 날갯짓을 하고 있다.

그중에는 우리 아이들 떡애기 때부터 써 왔던 몇 가지도 있다. 루돌프사슴과 산타할아버지의 선물을 기다리며 벽에 걸어두던 울긋불긋한 커다란 털실양말. 빨간 헝겊에 '축 성탄'이라고 수놓아 방문마다 걸어두었는데. 비록 때 묻고 낡았지만 오십여 년 전 아이들의 유년시절이 한 켜 한 켜 얹혀있고, 내가 살아 온 세월이 배어 있어서 정겹기만 하다.

이렇게 지난날과 오늘이 어우러진 트리 앞에 서면 식구들 모두가 저마다의 추억들을 쏟아낸다. 해마다 되풀이되는 이야기지만 그때마다 환한 웃음이 피어난다. 그런 모습들을 바라보고 있으면 나도 모르게 시간과 공간을 초월해서 그때 그 시간 속에 머무르게 된다.

트리가 제법 모양새를 갖춰가고 있다. 촛대를 꺼내놓는다. 이런저런 화사한 장식품들 속에서 가장 소중하게 여기는 선물이다. 그 촛대에 담긴 사연을 풀어 나가려면 삼십 년 전 어느 날을 떠올리지 않을 수 없다. 내가 출석하고 있는 서교동교회에 김종렬 담임목사님이 계셨다. 오랫동안 독일 선교사로 있다가 우리 교회로 부임해서 신학 · 문학 · 문화예술까지 아우르셨으니 성도들에게는 참으로 보기 드문 귀한 어른이셨다. 대림절을 지키고 대림절 촛불을 밝히기 시작한 것도 그때부터였다.

어느 날 갑자기 교회를 떠나신다는 소식을 듣고 서둘러 사택으로 들렀던 저녁이었다. 거실 탁자 위에 촛불이 켜져 있었다. 손잡이가 달린 토기접시 속에서 심지가 은은하게 타오르고 있었다. 나는 그만 엉겁결에 "참 좋아요. 어느 토기장이가 만들었을까요?"라고 탄성을 쏟았다. 사모님은 두 말도 않고 '후!' 하고 불을 끄고서, 그 촛대를 내게 주셨다. 그 후로 성탄절을 맞아 촛대를 꺼낼 때면 노상 목사님과 사모님이 그려진다. 그렇게 독일에서 만들어 놓은 붉은 빛깔 촛농이 눌러 붙은 더껑이 채로, 30년이 흐른 지금까지 애용하고 있다.

또 하나 애지중지하는 선물이 있다. 사기로 빚은 두 천사다. 애들 손가락 크기만 하다. 두 손을 가슴에 모두고 기도하는 모습의 그 천사들이 어떻게 우리 집으로 오게 되었는지 이야기를 해야겠다. 마포구 서교동에서 살고 있었으니 우리 아이들이 어릴 때였다.

우리 교회 명정에 권사님 댁에 들른 일이 있었다. 응접실 다탁 위에 성탄절 장식품들이 놓여 있었다. 권사님이 노스웨스트항공사에 근무할 때여서 하늘을 누비고 다녔으니, 국내에서는 볼 수 없었던 앙증스러운 두 천사가 단번에 마음을 사로잡았다. '예뻐라! 내가 가졌으면….' 나는 주인의 허락을 받을 사이도 없이 어느새 두 천사를 손에 쥐고 있었다. 권사님은 그러한 나의 무례함에도 불구하고 아무렇지도 않은 듯 "그래요. 가지세요."라며, 부드러운 종이를 찾아내서 두 천사를 겹겹으로 싸서 내 손에 들려주며, 예쁘게 쓰라는 당부를 잊지 않으셨다. 그렇게 두 천사가 우리 집으로 예인돼 왔었다.

내 가슴을 덥혀주는 세 번째의 선물은 지금으로선 만질 수도 없고 볼 수도 없는 무형의 것이다. 여러해 전 암수술을 마치고 맞이한 성탄절 저녁이었다. 아들 딸 며느리들이 저녁을 차리느라 분주했고, 모처럼 만난 꼬마들은 성탄트리 밑에 놓인 선물꾸러미가 궁금해서 시끌벅적 온통 수선을 피우고 있을 때였다. 갑자기 찾아 온 손님이 있었다. "권사님, 지가 왔어라우." 우리 교회 선정자 권사님이 제법 묵직해 보이는 것

을 내려놓고 내 손을 꼭 잡았다.

장갑도 끼지 않은 그의 손이 찬바람에 얼부풀어서 얼음처럼 차디찼다. "시상에, 많이도 축 나셨네요 잉. 사골 푹 고앗응께요. 몸보신하시시오." 생각지도 않은 그의 내방으로 어리둥절한 나는 어찌할 바를 몰랐다. 일흔이 넘은 나이에 혼자 손으로 하루하루 남의 일을 다니며 생활하는 분이 아닌가. 경기도에서 우리 집까지 지하철을 몇 번이나 갈아탔을까. 가슴이 짠했다.

그 권사님의 내방으로 나는 많은 생각을 하게 되었다. 해마다 성탄절이 오면 자신이 아끼는 소중한 것을 아낌없이 내어 주는 마음을 떠올리며, 많은 것을 움켜쥐고 있었던 지난날을 돌아본다. 주렁주렁 매달린 성탄트리 앞에서 저렇게 많으니, 그중에 하나만이라도 있었으면 하는 사람들에게도 선뜻 내어주지 못했다. 낱낱의 모양도 빛깔도 다르고 힘들게 찾고 구했으니, 내가 갖는 것이 마땅하다 여기지 않았던가.

트리 장식을 마쳤다. 멀리 계신 김 목사님을 생각하며 토기 촛대에 초를 얹는다. 대림절 첫째 주에 쓰이는 보랏빛 초는 구하지 못했지만, 명 권사님이 주신 두 천사처럼 손을 모으고, 어려운 가운데서도 나보다 남을 낫게 여기는 선 권사님을 생각하며, 그리스도의 오심을 기다리는 마음으로 오늘도 촛불을 켜고 있다.(2014)

양귀비꽃

오월의 맑은 햇살이 내리는 울산 태화강 둔치이다. 강바람에 하늘거리는 꽃이 더없이 아름답다. 가느다란 줄기에 얹힌 다홍색과 노랑 분홍 하얀색의 알록달록한 꽃들이 마치 바람결에 살랑대는 나비인 양으로 곱다.

태화강가의 양귀비꽃밭을 알 게 된 것은 지난해였다. 인터넷에서 본 그 풍경은 단박에 내 마음을 사로잡으며, 사진을 올린 작가에게 다음 해 꽃이 피면 알려달라고 부탁을 하였다. 드디어 오늘 이른 항공편으로 큰아들네와 함께 울산으로 오게 되었으니 감회가 남다르다.

5만여 평의 둔치에 한 가득 피어난 6천만 송이의 꽃 잔치. 드문드문 섞인 보랏빛 수레국화와 안개꽃에 어우러진 양귀비꽃은 클로드 모네의 〈아르장퇴유 양귀비꽃〉이나 반 고흐의 〈양귀비꽃〉 그림보다 더 매혹적이다. 예쁜 양산을 들고 왔으면 나도 잠시지만 모네의 서정적 풍경 속 여인이 되었으련만….

걸음을 잠시 멈추고 꽃들을 바라본다. 문득 다홍의 양귀비꽃에 어른거리는 한 여인, 나를 돌봐주던 박 권사다. 병상에서 한 걸음도 뗄 수 없는 시기, 천사 같은 그가 나타나서 나를 보살핀 일을 생각하면 그런 만남이 어디 있을까 싶다.

5월이었다. 여느 날처럼 그가 내 손을 잡고 기도한 후 아침을 챙겨 주리라 여겼으나, 뜻밖에 내민 것은 검은 비닐봉지였다. 그 안에 수줍게 얼굴을 내민 한 송이 꽃이 있었다. 빨강빛깔에 노란색이 섞인 다홍빛 꽃이 그토록 어여쁜지 처음 알았다. "꽃이라면 자다가도 일어나실 것인데 나들이를 못 하니 예쁜 꽃 좀 보시라고요. 베란다에 이런 꽃은 없지요."

그림으로 보던 양귀비꽃이었다. 살고 있는 동네에 두두룩한 등성이가 있는데 양귀비꽃이 한 가득 피어 있었다나. 그 풍경을 지나칠 때마다 환자인 내가 생각났고, 그예 꽃밭 주인을 찾게 되었단다.

그날 이후 하나의 소망을 가지게 되었다. 너르게 펼쳐진 들녘에서 바람결에 춤추는 그 어여쁜 꽃들을 꼭 보고 싶었다. 십년 만에 그 바람이 이루어졌다. 잠시 고개를 들어 하늘을 바라본다. 포시럽게 쌓인 구름. 어찌 내가 저 하늘을 다시 볼 수 있을지 생각이나 했을까.

꽃 한 송이로 내게 꿈을 준 권사님. 살림을 맡아주고 나의 건강까지 돌봐야 했음에도 늘 기쁘게 일하였다. 바쁜 우리 아이들의 수고를 덜어주면서 그는 혼자 흔쾌히 감당하였다.

진료를 받던 날엔 그가 재빨리 긴 벤치에 담요를 깔고 나를 눕게 한 뒤, 내 대신 진료실 앞에 있다가 내 차례가 가까워지면 나를 부축해서 데리고 가준다. 잊지 않고 챙겨오는 미음과 따뜻한 물 등, 무엇을 하든 환자에 대한 애정이 담겨 있었다.

지내다 보면 궂은 일이 왜 없었을까. 그는 항상 내색하지 않고 환자를 세심하게 돌봄으로 하루하루 고비를 넘길 수 있었다. 그의 집안에 우환이 생겨 떠나던 날, 내 어머니가 하늘나라로 가신 이후 그렇게 마음 아파본 일이 없었다. 황량한 들판에 홀로 남겨진 듯 실낱같은 끈마저 놓친 마음이었다.

십여 년이 지난 요즘에도 그는 소식을 전한다. 집에만 있는 내가 어쩌다 집 전화를 못 받을 때면 병원에 있느냐고 단번에 알아차린다. 교회봉사와 간병 일을 하는 바쁜 일정임에도 반찬을 챙겨다 놓고 간다.

스쳐 지나가는 숱한 사람이 있었지만 그를 만남으로 내 웃음과 눈물 속에 함께 있었던 여섯 해. 어찌 잊을까. 내게 준 양귀비꽃 한 송이로 위로를 받았기에 그 꽃을 화분에 옮겨 심었지만 본디 제자리가 아니어서 그런지 시들고 말았다.

여러 해 동안 가슴속에만 있던 꽃을 마음껏 바라보며 가슴 가득 환희를 누렸던 하루. 다시금 사위를 둘러본다. 바람결에 일렁이는 양귀비꽃들은 영락없는 한 폭의 그림이다.(2019)

| 제5부 |

나의 꽃 이야기

꽃 한 송이의 위로

사는 게 이만하면 되었다 싶은 때가 있다. 베란다 꽃밭을 바라볼 때다. 문을 빠끔히 열고 내다보면 찌든 삶 추운 겨울이 엿보이는 것은 어쩔 수 없지만, 거기에서 기쁨을 맛보며 삶을 살지게 누린다. 대자연 속에 펼쳐지는 봄날의 향연은 아니어도 좋다. 화사함으로 견준다면 어느 꽃밭과도 비길 바 아니다. 외기外氣에서는 봄 한 철이지만 우리 베란다에서는 한겨울에도 만발하는 꽃들이다.

일 년 내내 피고 지는 제라늄은 베란다의 효자동이다. 아홉 빛깔 꽃들이 알록달록 고루고루 섞여 있는 모습들이 가히 무지개를 바라보는 성싶다. 찬바람이 일기 시작하면 양지바른 베란다가 온실인 양 사발만큼 커다란 꽃송이를 한껏 뽐낸다. 잇따라 아잘레아 일곱 가지 색깔이 여름 내내 부풀었던 꽃망울을 터뜨리면 호사스럽기 그지없다. 때맞추어 동백과 꽃분홍, 흰색 가재발선인장이 행여 질세라 기세등등하다.

창밖은 휘몰아치는 북풍한설이다. 추운 내색 않고 오롯이 꽃을 피우는 우리 집의 꽃들. 매운 추위에도 실온이 20도를 웃도는 베란다가 큰 공을 세우고 있다. 웬만큼 꽃들의 성향을 알게 되니 가족들이 함께하는 크리스마스와 설날에 맞춰 개화의 성시를 유도하고 있다. 엄동설한에 꽃 잔치를 벌이는 우리 베란다는 하늘나라가 이리 아름다울까, 에덴동산이 이랬을까, 상상의 나래를 펴게 한다.

겨울 내내 베란다를 환하게 밝히던 꽃들이 하나둘 지기 시작하면, 서교동 단독에서부터 30여 년 함께했던 산당화와 철쭉, 영산홍 꽃물결들이 우리 집의 아름다운 봄을 완성한다. 밖에서는 그제야 꽃잎들을 터뜨리며 봄이 오고 있는 셈이다. 예쁘지 않은 화초가 어디 있으랴. 내 고달픈 삶의 길에 꽃만큼 대단한 선물이 또 없다. 저 꽃들이 내 곁에 있어서 언어이고 그리움이고 사랑이다. 뜨거운 가슴이고 눈부신 기다림이다.

때맞춰 물주고, 가끔씩 저들에게 필요한 시비를 해줄 양이면 꽃들은 어김없이 제 할 몫을 다해준다. 내가 누릴 수 있는 유일한 노역은 꽃을 분에 심어 가꾸는 일이다. 수선화와 히아신스. 시클라멘 들이 바싹 마른 구근에서 새움을 틔우는 모습은 놀랍고 신기하다. 사람들은 우리 집에 들렀다가 풍성하게 핀 제라늄 꽃가지를 꺾어간다. 매번 꺾꽂이를 하지만 우리 집에서처럼 탐스런 꽃송이를 볼 수 없다고 한다.

생각해보았다. 내가 꽃나무들을 기른다고는 했지만 어쩌면 그게 다는 아니었음이다. 가끔 분갈이를 하며 작은 도움의 손길을 준건 분명하지만, 집에만 있는 나를 안쓰럽게 여긴 조물주께서 나의 꽃들을 어여삐 길러 주셨다는 깨침이 왔다. 백 마디의 말보다 꽃 한 송이의 위로가 더 진한 메시지를 담고 있음을 순간순간 일깨워주었다.

단조롭고 무미건조한 하루하루가 꽃나무들로 해서 정서의 윤기를 되찾을 수 있었다. 봄날 꽃잎 흩날리는 꽃비는 아니지만 아기자기 옹기종기 모여 피고 지는 꽃들에게서 위안을 받는다. 만일 베란다 꽃들이 내게 없었다면 그 지난한 병고 속에서의 나날을 어찌 견뎠을까. 아픈 사람 문병 오는 것도 한

두 번이지 긴 세월 찾아 줄 사람이 얼마나 될까.

꽃으로 해서 마음 맞는 아파트 이웃과 교감하며 지낼 수 있음도 대단한 덕분이었다. 그렇게 정성을 다해 꽃들에 마음을 쓰다가도 봄날 외기에서 봄꽃들이 한참 피고 있으면 내 안에 다소곳이 고개 숙인 꽃바람이 나를 흔들어댄다. 아프기 전에 만났던 꽃들과 조우하고 싶은 발싸심이다. 그 자리 그곳에서만 느낄 수 있는 정취이기 때문이다. 애써 흔들리는 마음을 다잡으며 내 앞에 있는 꽃들을 소중하게 바라본다.

몸을 부딪치며 꽃들과 맞닿아 지내다 보니 내 살붙이나 다름없다. 하루에도 몇 차례씩 둘러보는 내 발걸음 소리와 사랑이 깃든 내 손길이 닿은 때문이리라. 사람이 말이나 숨결로 서로의 존재를 확인하는 것처럼 꽃들은 서로의 향기와 색으로 대화를 나누는지도 모르겠다. 우매한 나는 꽃나무들이 내게 하는 말을 알아듣지는 못 해도, 물을 주고 거름을 주며 그들을 사랑하는 것으로 내 마음을 전하고 있다.

헨리 데이비드 소로는 "꽃의 매력 가운데 하나는 그에게 있는 아름다움의 침묵이다."라 했고, 인도 시인 타고르는 "신은 큰 왕국에서는 싫증을 느끼지만 작은 꽃에게서는 결코 싫증을 내지 않는다."라고 했다. 시들어 가는 일상의 의욕을 회복하면서 이만하면 되었지 싶은 마음으로 오늘도 베란다 꽃들을 바라보고 있다.(2019)

나무와 사랑을

나의 창작의 공간

창작의 공간이라 하면 그려지는 그림이 있다. 잘 갖춘 내부와 정돈된 벽면, 적당한 크기의 집기들이 조화롭게 배치된 그런 모습이다. 한낱 마음결에 새겨진 바람일 뿐 여태껏 나는 그런 그림을 가지지 못했다. 주방이 거실과 동일 공간으로 자리 잡으면서 식탁은 다양한 용도로 쓰였다. 음식을 나누는 일 외에도 편지를 쓰고 책을 읽고, 허물없는 친구와 차도 마시며 바느질감을 마름질하는 일까지도 식탁은 마다하지 않았다.

글쓰기를 시작했을 때도 식탁에서 맴돌았다. 글 한 편 맺으려면 수십 번을 옮겨 쓰고 다시 고쳐 쓰고 하다 보니 노트와 책들로 어질러졌다. 생각 끝에 두레반 하나를 안방으로 옮겨다 놨다. 그러던 어느 하루 큰아들이 노트북 컴퓨터를 들고 왔다. 손목에 파스까지 붙이고 있는 어미가 딱했던지 이제 그만 문명의 이기를 받아들이라면서다.

딸 둘을 시집보내고 아파트로 옮겨 앉았지만 아들들이 방을 차지하고 있으니 내가 앉을 자리는 늘 마뜩잖았다. 애들 데리고 들락거리는 딸들이 있으니 그 애들이 쓰던 집기들과 함께 편하게 머물 방도 남겨둬야 했다.

어느 때 큰아들이 직장일로 한동안 집을 비우게 되었다. 그 애의 책들이 벽면을 채우고 있었지만 한 귀퉁이에 내가 쓸 컴퓨터 책상을 놓을 수 있었다. 졸지에 널따란 방이 창작의 공간으로 마련된 셈이었다. 어느 대갓집 사랑방이 부러울까. 집필공간이 없다고 어찌 글다운 글을 못 썼을까마는 신경 쓰지 않고 자판을 두드릴 수 있는 자리가 생긴 것이다.

이제는 자다가도 일어나서 살그머니 그 방으로 건너간다. 어슬녘에도 야밤중에도 워드프로세서에 불을 켜고 윙-하는 소리가 울려나도, 자판을 두드리는 소리가 제 아무리 크게 느껴져도 주눅 들 일이 없었다. 머지않아 아들들이 성가를 하면 나만의 공간이 넉넉해질 것이라는 기대가 싫지 않았다.

1998년 3-4월호에 연작수필 〈나무〉를 쓰기 시작했다. 사랑이나 연애에 관한 주제를 받았지만 사랑과 연이 닿지 않은 나로서는 무리인 성싶었다. 정주환 선생님이 '나무'를 쓰고 싶다는 나의 뜻을 배려해주셨다. 천주교 순교성지인 해미읍성의 역사를 찾아 쓴 '여숫골 호야나무'가 그 첫 번째 작품이었다.

나무는 늘 내 곁에 있었다. 아버지의 꽃나무 사랑으로 마당 가득 꽃들이 어우러졌으니 우리 아이들 키울 때도 울안 가득 서 있는 나무들이 애들의 쉼터였다. 막상 '나무' 제재로 정하고 나무에 다가섰지만 낯설고 서먹서먹했다. 풀과 나무의 생태, 식물학, 전설 등, 그리고 남들이 나무라는 어휘를 써서 만든 책까지도 서점에서 거둬들였다. 글눈을 틔우려고 읽고 또 읽었다.

하루도 빠짐없이 나무가 내 안에, 내가 나무와 함께 지냈다. 나무가 지닌 심성으로 그 나무가 내게 들려주는 이야기를 듣고 싶었다. 구름이 흐르고 바람이 스치며 가지마다 내리쬐는 햇볕의 따스한 느낌과 싹을 틔우는 나무들의 소리까지를….

한참 지나서야 알게 된 일은 나무의 마음으로 나무에게 다가서지 않았다는 거였다. 고이는 맘만 있으면 글이 실타래 풀리 듯 술술 살아나는 줄 알았는데 살아 있는 생명체로, 다시 만난 옛 친구로 진솔하게 나무에 기대었을 때에야 그가 마음을 열었다. 나무는 뿌리에서 물기를 길어 올려 가지로 잎으로 보내기만 할 것이니 힘도 안 들이고 성장하리라 속어림을 했었다.

하지만 나무도 먼 곳에 있는 물을 끌어오느라 온 뿌리들이 안간힘을 쓰며 물을 찾아 헤매지 않을까. 이를테면 글 솜씨 없는 내가 생각을 어떻게 정리해야 할지 자작자작 잦아드는 샘에서 쉼 없이 길어 내야 하는 어려움을 감내해야 하듯이.

2002년 1-2월호 '정이품송의 혼례식' 을 끝으로 '나무' 의 연재를 마쳤다. 4년 동안 일일이 현장을 찾아다니며 고증을 듣고 자료를 찾느라 발품을 팔았다. 한 가지 주제를 다루기에 연재하는 내내 누적된 긴장감이나 중압감이 늘 명치끝을 쪼았다. 돌아보면 시원찮긴 해도 그 구석방, 내 창작의 공간에서 이루어낸 글이었다.

하나 더 있다. 지난 2000년 4월부터 2001년 8월까지 한국기독공보에 테마 에세이를 집필했다. 큰딸아이가 어미 글에 삽화를 그렸으니, 매주 한 편씩 글과 그림을 짜 맞추느라 주말이면 돌쟁이를 안고 오는 딸과 머리를 맞대고 궁리궁리했던 날들을 바로 그 구석방에서 채웠다. 어찌하면 좀 더 잘 쓸 수 있을까 간절함으로 두 손을 모으던 시간들이었다.

4년이라는 긴긴 세월, 지면을 아끼지 않은 《수필과비평사》, 그만 쓰겠다고 할 때마다 더 이어가라고 격려해주셨던 서정환사장님, 자료를 보내준 많은 분들, 신문에 나무 사진만 실려도 가위질을 해서 보내준 독자들, 내 가슴에 자라고 있는 수십 그루의 '나무'들에게 내 뜨거운 가슴으로 고마움을 전하고 싶다.(2002)

재회

틀림없다. 화분색깔이며 나무 크기, 가지 뻗음까지도 똑같다. 우북하게 짙푸르던 이파리가 성글어지고 누르스름해져 수세가 약해진 것 외에는 그대로다. 나도 모르게 나무에게 다가가, 어디에 있었느냐는 말을 몇 번씩이나 되묻는다. 나무는 내 말을 알아듣기라도 했는가, 건듯 지나는 바람결 따라 잎들을 거풀대며 우우우 감미로운 운율로 화답해 준다.

여름이 되면서 집집의 화분들이 경비실 앞 꽃밭에 들쑥날쑥 자리를 잡고 있다. 하나하나 구경을 하다가 그만 소스라치게 놀라고 말았다. 일 년 전에 잃어버렸던 나무 한 그루와 만나게 된 것이다.

지난 해 이사를 할 때였다. 노상 탐을 내던 몇몇 이웃에게 같은 종류가 둘씩 있는 화분들은 분양을 했지만, 킹 벤자민 두 그루만은 그냥 두었다. 꽃나무가 밥 먹여주느냐는 핀잔을 남편에게 들으면서도, 화분 때문에 트럭 한 대가 추가되어 비용이 만만찮다는 말을 들으면서도, 이삿짐보다 먼저 나와 함께 새집으로 왔었다.

며칠이 지나고 화분에 물을 주던 날이었다. 빙 둘러보는데 뭔가가 허전했다. 철쭉이나 영산홍, 관엽식물, 난들이 내게 방긋거리고 있는데, 유독 벤자민이 홀로 서 있었다. 아무리 생각해도 짚이는 게 없었다. 그런데 문득 이사 오던 날의 일이 떠올랐다. 수십 개의 화분이 두어 시간 동안 마당에 방치되어 있었던 사실이….

벤자민 두 그루가 나와 함께한 날이 어언 십여 년이 더 되었다. 서너 뼘이 됨 직한 어린 나무 두 그루와 초화 몇 포기를, 해거름이 다 될 무렵 큰길가 노점에서 만났다. 내 자식으로 만들리라. 가슴에 안고 왔다. 초화草花도 그렇지만 나무는 으레 둘씩 짝을 지어 들여온다. 나의 이런 습관은 어머니로부터의 내림인 터이다. 생가에서도 그랬고, 내가 시집 올 때도 어머니는 장독그릇을 크고 작은 항아리나 독, 양념단지까지 꼭꼭 짝을 지어 가지런히 마련해주셨다.

세월과 함께 벤자민도 1미터가 넘게 자랐다. 가지가 억세지 않아서 다양한 모양으로 만들 수 있지만, 위로 곧추 자라기보다는 수양버들처럼 가지를 아래로 늘어지게 해서 수형이 동그스레하다. 그런 연유로 마당에 서있는 벤자민을 쉬이 알아

볼 수가 있다. 어찌 꼭 외형적인 까닭이라고만 말할 수 있으랴. 긴긴날을 두고 함께 해온 교감 때문이기도 하리라.

하루에도 몇 차례씩 베란다 화분들을 들여다보며 잎들에 앉은 먼지를 닦아주고, 때마다 분갈이하고 거름 주며, 언제 물이 고픈지도 헤아릴 수 있는 세월이 결코 짧지 않았다. 내 얼굴 가꾸는 데는 게으름을 피웠어도 꽃 가꾸는 데는 우리 아이들 기를 때처럼 정성을 다했다. 그렇게 공을 들인 나무가 없어졌으니 그 섭섭함을 어찌 말로 다 할 수 있었겠는가.

킹 벤자민과 재회를 한 그날 이후 아침저녁으로 경비실 앞 꽃밭에서 서성거린다. 가끔씩은 주인이 알아차리지 않게 웃자라는 순을 치고 다듬어주기도 한다. 분토가 마른다 싶으면, 벤자민에게만 물을 줄 수 없어 옆자리의 다른 화분들까지 물을 주곤 한다. 그리고는 집으로 와서 거실에 남아 있는 벤자민에게 네 짝을 만나고 왔노라고 일러준다. 한 울안은 아니어도 같은 아파트 안에 있으니 그게 어디냐고 다독인다.

식물도 사람의 마음을 읽으며 의사소통이 되고, 클래식음악을 즐긴다는 글을 읽은 일이 있다. 같은 나무에서 잎사귀를 따다가, 관심도 없이 버려둔 잎사귀는 서서히 썩어 가고, 머리맡에서 날마다 관심을 기울여준 잎은 싱싱하게 유지했다는 내용이었다.

나무를 가져간 사람이 무슨 마음으로 그랬는지는 모른다. 짐작되는 것은 꽃나무를 좋아하는 사람이 아닐까 싶다. 일 년 동안 물주고 가꾼 일도 고맙고, 외기에 내놓아 햇볕과 바람을 맞게 하려는 생각만으로도 나무를 사랑하고 있음을 알 수 있지 않은가. 생각 같아서는 차라리 우리 집에 있는 벤자민을 가져다 주면 어떨까 싶기도 하다. 긴 세월 함께한 그 나무들이 나란히 마주 바라보고 싶은 마음으로 못내 아쉬워하고 있을 것 같아서다.

마당에 있는 그 나무가 비록 초록의 기운을 잃고, 무성했던 가지가 좀 엉성해졌지만, 이 여름 동안 내내 마음을 다해 "킹 벤자민아, 이름처럼 너는 훌륭한 나무란다. 날마다 네 짝을 대신해서 너를 만나러 올 터이니 부디, 기운을 내거라."라며 어루만져주고 있다. 나무는 내 진심을 분명히 알아차릴 것이고, 찬바람 일기 전에 어지간히 건강을 회복할 것이라고 나는 믿는다. 나는 오늘도 헤어져 있는 킹벤자민을 꽃밭으로 만나러 간다. (2012)

내 안에 작은 불씨 하나

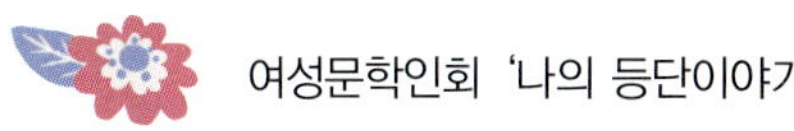
여성문학인회 '나의 등단이야기'

여름날이었다. 딸아이와 이런저런 얘기를 나누며 한나절을 보내고 있었다. 딸아이가 뜬금없이 말머리를 돌렸다. "참, 건넛집 아주머니는 요즘 어떻게 지내고 계세요. 꽃 사러 가는 일도 없는 것 같던데…."

딸아이가 말하는 건넛집은 우리 집에서 바라보이는 맞은편에 있다. 봄이면 꽃모종을 서로 나누고, 철이 바뀔 때면 절기에 어울리는 꽃들을 구하기 위해 꽃시장을 함께 다녔다. 그런데 가을날의 어느 하루, 며칠이면 될 것이라고 병원에 들어간 아주머니가 그만이나 세상을 떠났다.

딸아이는 내가 저에게 들려준 이야기들을 한 번 글로 써보라고 했다. 그러면서 어디서 찾았는지 누렇게 퇴색한 공책 한 권을 은근슬쩍 내밀었다.

아이들 넷과 살림살이의 중심을 마냥 감내하며 보낸 이십여 년이었다. 글을 쓰겠다는 꿈은 있었지만 선뜻 엄두를 못 냈었다. 딸과 마주앉아 조곤조곤 얘기를 풀어낼 때는 아무 막힘이 없었는데 막상 딸의 권유를 따르기로 하고 책상 앞에 앉으니 맥없이 터덕대기만 했다. 고치고 다시 쓰기를 하며 '꽃잎을 잃은 국화' 라는 제목으로 건넛집 그 아주머니를 그렸다.

수필의 개념도 몰랐고 이론정립도 되어 있지 않았었다. 수필교실 정봉구 교수님께 보아 달라 드렸더니 《수필공원》에 내주셨다. 생활수필, 초회, 완료까지 세 단계의 관문을 통과해야 하는데 곧바로 초회추천을 받아든 셈이었다. 나중에야 알게 된 소이所以로는, 깐깐하기로 소문난 박연구 선생님이 그냥 놓치기 아깝다며, 초회추천을 해주신 거였다.

잘 쓰고 싶다는 생각만으로 작품의 완성도가 높아지는 것도 아닐 텐데, 등단이 되고 보니 지중한 그 이름 문사에 값하기가 쉽지 않았다. 오래오래 기억될 좋은 글을 쓰고 싶었어도 노상 현실적으로 미약하기만 했다.

돌이켜보면, 여학교 때 친구와 공책에 이런저런 것들을 끄적거린 일이 있었다. 졸업반 때의 초조함, 그 나이 또래의 아픔, 틈틈이 읽은 책의 내용들, 그런 소소한 감상의 나열이었다. 그렇게 쓰인 몇 권의 노트 중에는 그 무렵 즐겨 외우던 셸리의 시어를 따서 '바위틈 이끼'라 붙인 이름도 있었다. 바로 그 '바위틈 이끼'를 딸아이가 내게 내밀면서 글을 써보라고 한 것이었다.

건넛집 아주머니의 이야기를 하게 된 것은 순전히 딸아이의 부추김이었지만, 내 안에 뭉근하게 자리한 불씨에 불을 댕긴 계기가 되었다. 등단하고 얼마 뒤 《수필과비평》연재꼭지를 맡게 되었다. 쓰라는 주제가 있었지만 내가 소화할 수 있는 게 아니어서 연작수필 '나무'를 쓰게 되었다. 그로부터 나는 오로지 나무만을 생각하고 나무만을 바라보며 장장 4년여를 보냈었다.

'나무'를 쓰게 된 것은 어쩌면 유년의 뜰에서 연유된 게 아닌가 싶다. 작은 꽃으로 해서 더듬어지는 어머니와 나무들에 스민 아버지의 추억이 아련히 가슴에 쌓여서다. 어머니의 소중함을 절감하게 되고 그래서 철이 좀 났구나 싶으니 어머니는 이미 내 곁에 계시지 않았다.

어머니가 지금 생존해 계신다 해도 연만하시어 책을 읽을 수는 없을 터였다. 내가 어릴 적에 숫자를 셀 수 있게 작은 돌멩이들을 치미폭에 주워 담아 내게 가져다 준 어머니처럼, 나도 그렇게 자상한 맘으로 옛 이야기들을 나직나직 들려드리고 싶었다. 그래서 KBS 성우로 있는 조카딸의 도움으로 책에 실린 글들을 녹음했다. 그 카세트테이프 이천 세트를 만들어 시각장애인협회에 기증을 했다. 내 어머니께 드리는 마음이었다. 어설프지만 막내딸이 쓴 이야기라고 들으시면 한사코 나의 등을 다독여주실 어머니시다. 누구의 칭찬이 이보다 더 나에게 기쁨이 되리. 어머니의 한 마디 칭찬이 나에게 큰 축복일러니.

나무와 꽃과 그리고 어머니는 나만의 글감이 될 것이다. 목메어 어머니를 추억하고 누렇게 바랜 흑백사진에 채색을 덧씌운다 해서 어찌 그르다고 말할 수 있으랴. 브람스가 "나도 더 이상 곡을 못 쓴다."라고 고백한 것처럼 나의 글감이 마르면 더는 쓰지 않으련다. 그때까지는 왜 글을 쓰느냐 하는 동기를 없애지 않을 것이다.(2002)

내 봄날의 어느 하루

나는 봄을 기다리지 않았다. 다시 봄을 맞을 것 같지 않아서였다. 벌써 여러 해째 그랬었는데, 우연하게도 검진 받는 병원 뜰에서 왕벚나무를 만났다. 그래서 내년 여름에 있을 병원정기검진 일정을 봄으로 앞당겼다. 그때쯤이면 벚꽃들이 만개하지 않을까 해서였다. 바깥바람을 쐬기가 쉽지 않은 나는, 그렇게 해서라도 봄나들이 흉내를 내보고 싶었다. 설령 지는 꽃인들 어떠랴. 바람결에 하르르하르르 흩날리는 꽃보라를 어디 쉽게 만나볼 수 있었던가.

예약을 바꿔놓은 그때부터 내 마음에는 어느새 봄꽃들이 만발하기 시작했다. 한데 어인 일일까. 새 봄이 와서 어느새 4월로 접어드는 데도 연일 비바람이 몰아쳤다. 더디게만 오는 꽃소식에 조바심이 나고, 머지않아 내달을 꽃샘바람이 안타깝기만 했다. 진해벚꽃 축제까지도 꽃이 없는 채 치렀다는 뉴스였다. TV 화면으로 비치는 꽃망울들도 아직은 벙글 기미가 보이지 않았다.

꽃아, 어서어서 피어라.

손꼽아 기다린 날들이 헛되지 않았음인가. 날씨도 내 간절한 마음을 알아차린 듯, 검진 날 하루 전에 갑작스레 기온이 상승했다. 꽃들이 활짝 피어났다는 저녁 뉴스를 들었다.

아침이 밝았다. 어릴 적 소풍가던 날처럼 설레는 맘으로 병원을 향해갔다. 돌덩이를 가슴에 매단 듯 무거운 마음으로 가던 예전의 병원 길이 아니었다. 차창 밖으로 펼쳐지는 봄날의 대향연. 개나리 진달래 벚꽃 목련 조팝나무까지, 하룻밤 사이에 세상이 온통 꽃 잔치를 벌이고 있었다.

병원 마당에 들어서니 눈앞이 온통 환했다. 벚꽃들이 마치 연분홍빛 차일을 쳐 놓은 것 같았다. 얼마 만에 누리는 호사인가. 나도 모르게 눈가가 젖어들었다.

그동안 검진을 받을 때면, 긴 시간을 앉아 견디기가 어려웠었다. 병원 어디 구석진 벤치에 누워 있기가 일쑤였다. 읽을거리를 뒤적이기도 하고, 이어폰을 꽂고서 연신 시곗바늘을 흘끔거리기도 했었다. 하지만 올해는 달랐다. 예약일 변경 탓으로 제반 검사가 더 띄엄띄엄 이어져 온종일 걸렸지만, 조금도 지겹지가 않았다. 틈틈이 꽃그늘을 찾아 벤치에 앉을 수 있는 것이 마냥 기쁘기만 했다. 봄 볕 한 줌에도 감격했던 내게는 이런 횡재가 어디에 또 있을까 싶어서였다.

금식이 끝난 오후 늦게는 자판기에서 커피도 뽑아왔다. 이전에 이것저것 싸들고 꽃구경하던 어느 하루가 아프게 스쳐갔다. 내 옆에는 고된 삶을 꾸려가느라 꽃구경 한 번 제대로 못한 어려운 이웃들이 있었다. 그들을 차에 태우고 봄나들이를 간 적이 있었는데, 생전 처음이라면서 즐거워하던 그들의 모습이 문득 앞을 스쳤다. 지금 나처럼 이리도 설레었을 거라 생각이 들었다. 어쩌면 그날 내가 살아서 했던 일중에 그만이라도 젤 잘한 일이 아닐까 싶기도 했다.

도심에서도 아름다운 꽃길을 즐길 수 있는 곳이 몇 군데 있다. 살고 있는 집에서 가까운 여의도의 윤중로, 청와대 앞. 국립현충원, 남산 길, 마지막으로 과천 현대미술관까지. 차례차례 돌다보면 일주일이 훌쩍 지나 꽃철이 거진 끝나간다. 그전에라도 비바람이 몰아치면 그 화려하던 모습은 꽃비를 내리며 스러지고 만다.

한나절만이라도 실컷 봐야지 싶은 마음으로 눈을 떼지 못하고 정원 의자에 앉아 있는 내 앞으로, 수액이 걸린 지지대를 끄는 보호자와 환자가 지나고 있다. 불안하고 근심이 가득한데 어깨마저 축 처져 보인다. 어떤 환자는 자신의 어깨 위로 내려와 앉는 꽃잎을 안타까이 바라보기도 한다. 지난날 나를 보는 것 같아서 짠해지지 않을 수 없다.

아픈 내게도 봄은 봄이다. 봄기운이 감돌기 시작하면 들뜨는 마음은 어쩔수 없는 나의 성정이다. 신열이 오르듯 발싸심을 한다. 때로는 절망으로, 때로는 설렘으로, 가슴앓이를 하곤 했었다. 해마다 꽃이 어김없이 피어나듯, 수십 번 보아 온 봄꽃이건만 그때마다 늘 새롭다. 남들에게는 매일 반복되는 흔한 일상일 수 있다. 그 일상이 내게는 감동이고 행복이기까지 하다.

예약 날이 가까워 올수록 뜰에 있는 꽃이 피었을까 날마다 궁금해 하며 기다린 날들. 몇 년 만에 웃으면서 검진을 마쳤다. 내년에 있을 검진예약도 4월 16일로 정했다. 벌써부터 기다려지는 마음이다. 활짝 핀 꽃을 보며 봄기운을 한껏 누렸으니, 올해는 내내 부푼 마음으로 지낼 수도 있으려니, 병원을 나오면서 내게 기쁨을 준 벚꽃에게 진심으로 고맙다는 인사를 했다.

정녕 호사스런 봄날의 어느 하루, 내가 살아있음에 누릴 수 있는 최상의 기쁨이었다. (2012)

나의 꽃 이야기

꽃들에게 말 걸기

사람들이 우리 집에 오면 빠뜨리지 않고 하는 말이 있다. 이 집은 꽃이 잘되는 집이라고. 또 어떤 사람은 무슨 거름을 주느냐? 물을 며칠 간격으로 몇 번 주느냐? 등으로 꼬치꼬치 묻곤 한다. 그때마다 나는 똑 떨어지는 대답을 할 수가 없다.

화분이 양지쪽에 놓여 있기도 하고 그늘진 곳에 있는 수도 있다. 화분에 따라서는 물을 싫어하는가 하면, 물 먹기를 무척 탐하는 것도 있다. 생김새며 크기가 다 다르고, 꽃 대궁의 굵고 여림이, 잎의 다복함과 성글음이, 색깔의 짙고 여림이 모두 다 제각각으로 하나같지 않다. 하지만 나름 해줄 수 있는 답이 있기는 하다. 하루에도 몇 차례씩 꽃들을 들여다보며 진정을 다해 말을 건넨다는 얘기다.

"어머, 새잎 나오려고 하는구나! 언제 꽃봉오리를 맺었지? 예쁘게 잘 피어나 줘."라고.

제라늄 꽃이라면 보통은 꽃의 크기가 종지만 하다. 그런데 곧이들릴지 모르겠지만 우리 집 제라늄 한 송이는 사발만 하다. 정말이다. 가느다란 꽃줄기가 감당하지 못해서 꽃송이들을 아래로 휘어져있다. 그래서 꽃대마다 튼실한 지주를 세워준다. 한 포기에서 그리 크게 핀 꽃송이들이 수십 송이가 되니 아홉 빛깔의 제라늄 열다섯 화분이 도열한 베란다가 그만이나 알록달록한 꽃바다인 셈이다. 여름 한철 잠잠하다가 찬바람 일면 꽃이 무성해지니 그런 효자동이가 어디 또 있으랴. 고맙기 그지없다.

가만둬도 꽃이 제풀로 잘 자라려니 그리 여기던 때도 있었다. 하지만 지금은 아니다. 외출하고 들어와서도 언제 어느 때나 꽃들을 마주한다. 한 그루, 한 포기마다 예쁘다고 고맙다고 쓰다듬으며 말을 건넨다. 내가 많이 아파서 자주 나올 수 없을 때면 그 사정을 미리 일러주기도 한다. 내 귀에는 들리지 않지만 분명 그 꽃들이 보내는 메시지가 있을 것이다. 고작 내가 가늠하는 것은, 물 고프구나, 영양제를 주어야겠구나, 정도일 수도 있다. 그래도 나는 끊임없이 꽃들에게 말을 건넨다.

고향집 마당

꽃을 보아온 것은 어렸을 때부터였다. 덕분에 많은 꽃들의 모양이며 이름까지 웬만큼은 알게 되었다. 아버지는 우리 형제들이 따먹을 수 있도록 과일나무 가장이들을 아래로 처지게 기르셨다. 살구 앵두 자두 호두 석류 등. 그 외에 여러 가지의 정원수들이 있었으니 그곳이 내 유년의 놀이터였다.

그렇게 키 큰 나무나 떨기나무 종류의 꽃은 아버지가, 한해살이 화초 가꾸기는 어머니가 즐기셨다. 어머니의 꽃밭은 앞뜰의 장미가 있는 근처에 봉숭아와 백일홍 그리고 과꽃이 그득했고, 뒤꼍 장독대 옆엔 한련과 맨드라미, 채송화가 오보록이 자리를 넓혀갔다. 넝쿨장미, 수련, 매화, 태산목 등은 품성이 저마다 다르듯 심겨진 모양새도 각각이었다.

꽃 가꾸고 심는 것이 우리 집의 내림인지 친정 언니는 난을 길렀고, 오빠네의 아파트 말고 시골집은 울안 가득 수목들의 천국이다. 오빠가 외국에 있는 동안 아버지가 쓰시던 화분들을 내가 간수하다가 귀국한 뒤에 보내주었다. 베란다에 화분을 많이 들이다보니 아버지의 화분들이 눈에 삼삼하게 생각나기도 한다. 나도 어머니처럼 한해살이를 좋아한다. 아파트 베란다는 외기에서처럼 무성하게 자라지 않기에 분꽃이랑 봉숭아를 심어 아파트마당으로 내어 놓았다. 물을 줄때마다 노란색 분홍색으로 활짝 핀 꽃을 볼 때면 으레 "분꽃 폈으니 밥 해야겠구나." 하시던 어머니의 음성이 귓가에 맴을 돌았다.

몇 송이 피지 않은 봉숭아를 볼 때도 아련한 추억에 젖는다. 여름 날 평상에 앉아 내 손톱에 물을 들여 주시던 어머니를 만날 수 있기 때문이다. 주황색으로 피는 한련화는 베란다에서도 겨울을 곧잘 지낸다. 한 송이 한 송이 꽃이 벙글 때마다 반가움으로 들여다보던 어머니 모습을 그려본다. 내 집 창가에서 보아오던 꽃들이 딸네 집 베란다에 놓여 있는 모습도 반갑고 낯설지가 않아서 좋기만 하다.

꽃들로 해서 유년시절의 고향을, 안 계신 어머니를 그리워하기도 하고, 형제들을 생각하기도 하며, 딸아이들이 보고 싶어지기도 한다. 아버지 어머니가 가꾼 수많은 꽃나무들의 풍경이 나도 모르는 사이에 뇌리에 박혀 지금껏 그 기억대로 내 손을 거쳐서 다시 만들어내고 있음이다.

꽃은 서러움이다

사람들은 내가 넉넉해서 꽃을 옆에 두고 사는 줄 안다. 또 어떤 이들은 말한다. 내 마음이 행복해서 늘 꽃 속에서 살 것이라고 한다. 나도 예전에는 그렇게 생각했었다. 재미있는 일이 많고, 가슴이 충만할 때면 꽃이 그곳에 있음을 잊어버린다. 꽃이 아니어도 경이로움이 많은데 굳이 손이 가는 꽃을 옆에 둘 일이 없었다. 꽃이 피고 지는 놀랍고 신기한 세상이 있음을 아예 알려고도 하지 않았다.

어느 날부턴가 채워지지 않는 무엇이 가슴바닥에 깔렸을 때, 자잘한 슬픔이 도사리며 다가들 때, 꽃이 나를 불러주었고 내가 꽃에게로 다가갔다. 병고로 해서 남들처럼 나다닐 수 없는 내 처지가 서글펐고, 시간만 축내고 있는 쓸모없는 사람인가 싶어서 슬프기도 했다.

일상에서 오는 무력감으로 멀리 있는 자녀들과 주변의 친구들에게조차 차차 소통의 기회가 단절되면서 느끼는 소외감. 그 모든 소모적인 감상에서 벗어나고자 선택 한 것이 바로 꽃 가꾸기였다. 어느새 노후의 소일거리가 아닌 적극적인 삶의 한 방식으로 자리를 잡았다. 지금껏 내게 삶의 활력과 의욕이 남았다면 바로 이 꽃나무들 덕분이다. 나의 쇠약해진 심신을 붙들어 주었으며, 내 존재 가치를 자각하고 함께 살아가는 보람을 느낄 수 있게 해주었다.

아픈 뒤부터 내게 버릇이 하나가 더 생겼다. 12미터쯤 되는 베란다 꽃밭을 거닐면서 나는 늘 1킬로 정도의 트레킹을 꿈꾼다. 봄날 아파트뒷산의 벚나무 몇 그루가 꽃잎을 터뜨리기 시작하면 아프기 전에 노상 다녔던 여의도 윤중로, 남산 길과 삼청동, 과천현대미술관 길들을 그려본다. 작약 한 송이가 화분에서 화들짝 웃으면 이내 과천대공원의 너른 작약 꽃밭을 떠올린다. 상상 속에서나마 내가 누리는 봄나들이였다. 그렇게 해서 바깥출입을 못하는 자신을 나름 위로하며 십여 년 세월을 보냈다. 그런대로 커다란 기쁨을 누리며 스스로에게 뭔가 긍정적인 에너지를 부여해온 것이다.

잠잠해진 베란다 꽃밭에서 어느 날 갑자기 기다렸다는 듯 나를 향해 웃고 있는 꽃들을 만난다. 어젯밤까지도 보지 못했던 깨알만 한 몽우리를 푸른 잎새 사이에서 문득 발견하는, 새벽의 한순간은 오로지 환희와 탄성 그 자체였다. 피어나는 꽃으로 가슴 가득히 채워지는 충만감을 비로소 공유할 수 있다. 그래서 한 송이 꽃은 서러움을 가슴에 담고 사는 사람의 몫이거니 여긴다. 이른 봄 사무침이 있어 소쩍새 울듯 진달래꽃들도 피어나지 않던가.

꽃들에게 박수를

남편에게서 자주 듣던 말이 있었다. 꽃이 밥 먹여주느냐는 말이었다. 못마땅하게 여겨서 그럴테지만 거실에 놓인 꽃분들이 발에 걷어채는 수난을 여러 번 겪었다. 언짢은 소릴 들으면서도 꽃을 없애지 못하는 것은 어쩌면 내 안에 있는 부모에게서 물려받은 꽃 유전인자 때문이지도 모르겠다.

큰돈을 들이거나 뭇 돈을 들여 꽃을 들여온 일은 정녕 없었다. 이웃에서 나누기도 하고 아파트 마당에 버려진 꽃나무들을 들어오는 경우가 대부분이다. 그렇게 버려진 초록이들을 데려오는 일은 생명이 있는 식물을 못 본 체 돌아설 수가 없어서 그렇기도 하고 얼마든지 돌보면 살릴 수 있기 때문이다.

봄철 길가에 울긋불긋 봄꽃들이 있을 때면 마음을 다잡아도 그냥 지나치지 못한다. 몇 천 원 들여 수선화나 바이올렛, 앵초 두어 분 안고서 걷는다면, 휘파람을 불지 않았을 뿐 가슴 가득 넘치는 행복을 무엇에 비기랴.

어느 해 여름, 길을 지나다가 쓰레기장에 버려진 커다란 삼단 화환에서 분홍빛 거베라 꽃을 한아름 뽑은 일이 있었다. 따로 챙길 가방이 없어서 치맛자락에 수북하게 담아서 집으로 왔다. 얼룩진 치맛자락을 보면서도 크게 속상하지 않았다. 집에 있는 화병들로는 어림없어 작은 단지는 물론 물 대야까지 옮겨다 꽃을 꽂았다. 그렇게 며칠 동안 꽃 잔치를 벌였으니 어떻게 꽃들에게 박수를 보내지 않으랴. 결코 돈을 들여서는 그렇게 화사한 꽃 잔치를 벌이지 못할 것이다.

집안에 초록식물이 없는 풍경보다 있는 풍경이 훨씬 안정감이 있다. 빌딩보다 자연의 숲을 보면 정서적으로 안정이 되는 것이나 마찬가지일 것이다.

요즘에는 병원에서 환자를 방문할 때 꽃을 못 들고 오게 한다. 벽과 천장만 쳐다보고 있는 환자에게 꽃이나 푸른 식물을 보게 한다면 정서적으로 안정을 줄 수 있지 않을까. 병원에 자주 입원하는 나는 그런 생각을 하게 된다. 초록에 둘러 싸여있는 것이 아기가 어머니의 품에 안겨 있는 것 같은 포근함을 느낀다고 하는 글을 어느 책에서 읽은 일이 있다.

바라노니 이다음 어디에선가 어여쁜 꽃을 횡재하는 그런 날이 다시 있기를 바라면서 그 풍성했던 꽃 잔치를 다시 떠올려본다.

꽃 자랑

꽃집을 지나다가 유리창 너머 항아리에 꽂힌 꽃을 보면서 무심히 지나치는 사람은 그리 많지 않을 것이다. 나 역시 흰색 마가렛을 보면 큰딸아이를, 붉은 빛깔 장미를 보면 작은딸을 생각하게 한다. 동양란이 오롯이 자태를 뽐내면 친정언니 방 문갑에 올려놓고 싶어지고, 어쩌다 보라색 국화꽃이 피어 있을 때면, 한아름 들고서 어머니 누워계신 산자락을 밟고 싶어진다. 우윳빛 태산목이 향기롭게 벙그는 초여름이면 그 나무를 유독 아끼셨던 아버지 생각을 떨칠 수가 없다.

베란다에서 공들여 키운 동백, 산당화, 군자란 등 많은 꽃들이 한껏 자태를 뽐낼 때면 누구를 불러 저토록 진솔한 아름다움을 함께 나눌 수 있을까 안달을 한다. 누군가에게 보이고 싶고, 주고 싶은 것이 꽃을 키우는 마음일 것이다. 그럴 때면 여기저기 전화를 해댄다. 가까운 곳에 있는 이들은 기쁘게 달려오지만 먼 데는 민폐가 될까 봐 삼간다. 한겨울에 철쭉이 만개를 하면 며칠 건너 한 번씩 꽃 잔치를 벌인다. 차 한 잔을 마시며 베란다 창으로 바라 뵈는 꽃들을 느낄 수 있으면 좋으련만, 모두가 분주하게 살다보니 언제 꽃이 피고 지는가를 잊어버리게 된다.

꽃은 때가 있다. 같은 꽃이지만 필 때마다 다르다. 그 시간을 놓치면 그 꽃만이 지닌 아름다움을 다시 볼 수가 없다. 공작선인장은 이틀이면 져버린다. 귀면각선인장은 저녁에 피었다가 날 새기도 전에 시들어 버린다. 그 곱고 화려한 모습을 그냥보내기 아까워서 밤중에도 마다않고 이웃들을 불러들인다.

그래서 나는 언제라도 올 수 있는 우리 아파트 꽃 친구들을 참 좋아한다. 내게 있어 꽃 자랑보다 신나는 일은 또 없지 싶어서다. 그리운 사람 있으려니 꽃피었다고 전화해서 안부를 물어야겠다.

과자나무

여섯 살 된 남자아이가 있다. 이름이 지섭이다. 이 아이는 우리 집에 오는 날마다 거실에 놓인 화분들을 하나하나 검사한다. 꽃나무 가지에 열린 과자를 찾기 위해서다. 이상한 일은 지섭이가 할머니 집에 오는 날만 꽃나무에서 과자가 열린다.

꽃나무 가지에 주렁주렁한 과자들이 지섭이가 오면 어서 와서 따먹으라고 눈짓을 한다. 지섭이는 그게 참으로 재미있다. 정말 어디에서도 들어 본 적 없는 과자나무일 게다.

그런데 언제부턴가 지섭이가 눈치를 챈 것이 하나 있었다. 할머니 집에 올 때 미리 연락을 하지 않으면 꽃나무들이 과자를 꼭꼭 숨겨버린다는 사실이었다. 거실을 한 바퀴 돌며 나무마다 살펴봐도 과자가 눈에 띄질 않으면 지섭이는 말 못하게 서운해 한다. 나무들은 지섭이의 그런 마음을 잘도 헤아린다.

지섭이가 그림책을 보고 있는 동안 꽃나무들은 저희끼리

서로 마음을 모은다. 줄기와 잎사귀가 거들며 얼른얼른 과자를 열게 한다. 그때엔 지섭이가 신이 나서 꽃나무에 열린 과자를 찾아 요리조리 뛰어다닌다.

참 이상한 일이다. 어떤 날은 나뭇가지마다 과자가 주렁주렁 많이도 열려 있다. 재스민 가지에는 초콜릿이, 고무나무에는 감자칩 봉지가 대롱대롱, 벤자민 나무에는 사과까지, 황금죽 줄기에는 비스킷이, 지섭이가 좋아하는 젤리까지 가지마다 열려 있다.

왜 그랬을까. 지섭이가 나중에 생각해 냈다. 할아버지께 배꼽인사를 얌전하게 올린 바로 그런 날에 과자들이 엄청 많았었다.

이상한 일이 또 있다. 식탁에 앉아 밥을 흘리고 잘 먹지 않았던 날이 있었다. 그 다음날 지섭이가 놀러왔을 때에는 나무들마다 과자가 하나도 열려있지 않았다. 그 다음부터는 식탁에 앉을 때면 손을 씻고 밥을 잘 먹었다.

지섭이가 제집으로 돌아 갈 때마다 현관에서 "할아버지, 할머니 안녕히 계셔요."라는 인사도 거르질 않는다. 언제라도 할머니 집에 올 때면 미리 전화하는 것도 잊지 않는다. 꽃나무들이 맛있는 과자열매를 듬뿍 매달고 기다리며 반길 것을 지섭이는 다 알고 있기 때문이다.

풀꽃사랑

우리는 흔히 이름 모르는 꽃이라고 말한다. 우리가 그들의 이름을 몰라서 그렇지 이름 없는 풀꽃은 어디에도 없다.

무심코 밟고 지나쳤던 질경이, 강아지풀, 여뀌, 개망초 등등. 어려서 소꿉놀이할 때 밥상에 제일 많이 올랐던 괭이풀과 쇠비름, 행운을 찾느라 뒤적이던 토끼풀, 닭장 옆에 피어서 이름 붙여진 닭의장풀(달개비), 질긴 생명력으로 약초가 되는 질경이, 흔히 길가나 밭고랑에 싹만 틔우면 힘차게 자라는 바랭이 풀등 어엿한 이름을 가지고 있는 풀꽃들이다.

쉽게 만날 수 있기에 허투루 대해온 그 풀꽃들. 한 포기 풀에 지나지 않지만 생명이 있고 향기가 있으며 아름다움이 있다. 본디 이름을 불러주고 허리를 구부려 내려다보면 못내 사랑스러움이 가슴을 채운다. 하나하나에 눈 맞추고 그 초록의 싱그러움과 교감하면서 더없이 순정한 아름다움을 맛본다.

"잘 있었니? 제비꽃아!"

"어, 민들레도 피었네!"

이름을 부르는 것은 존재에 대한 의미이고

관심이다. 풀꽃이라 해서 우습다고 여길 사람도 더러 있으리라. 하지만 그렇게 이름을 불러줌으로 봄날의 민들레가 더 고운 노랑으로, 제비꽃이 더 귀한 보랏빛으로 피어난다고 나는 믿는다. 여뀌들은 더욱 자랑스레 초가을 길섶을 분홍으로 물들일 테고, 토끼풀은 행운을 찾으러 오는 소녀들을 고대하며 더 주렁주렁 네 잎 행운을 피울 것이다. 만일 그 작은 꽃들이 피어나지 않는다면 어찌 봄기운을 느낄 수 있으랴. 외진 산기슭의 산수유 꽃아, 너 아니라면 이른 봄의 전령사 역할을 어느 꽃 있어 대신하랴. 들길을 걷고 산길을 걸으며 만나는 풀꽃 친구들과 무수한 정담을 나눌 수 있을 터이니 얼마나 풍요론 삶을 누릴 수 있을까 싶다.

꽃에게 배운다

병원길 외에는 십 년이 넘게 어디를 가본 일이 없다. 그러다보니 종일 홀로 지내는 날이 많다. 책 읽고 음악 듣고 어쩌다 글 쓴다고 자판 두드리거나 베란다 꽃과 눈 맞추는 일이 하루 일과의 전부이다. 심심해서 어찌 지내느냐고 남들은 묻지만 그래도 내게는 하루가 화살이다.

남들에게야 잘 지낸다고, 괜찮다고 무심한 척하지만 꼭 그런 것만은 아니다. 외로움도 있고 섭섭함도 있다. 그런 마음

드러내고 싶지 않아서 더 열심히 무엇인가에 열중하느라 베란다 화분에 공을 들였다. 아픈 사람이 있는 집이니 가끔씩 나를 보러 오는 문병객들에게 밝고 화사한 모습을 보여주고 싶은 마음이 컸다. 거실도 온통 초록들의 향연장이다.

집안을 꾸미는 장식품으로 여겼던 꽃나무들이 어느 날부턴가 새롭게 보이기 시작했다. 저 작은 이파리들도 온 힘을 다해 새싹을 틔우고 꽃으로 벙글고 있음을. 생명 있는 존재로 살고 싶어 하는구나. 나 스스로가 생을 포기한다는 것은 부끄럽기 그지없구나, 라는 생각이 들었다. 그동안에 예사로이 보아왔던 것과는 달리 관심을 기울이게 되었다. 차차로 절실한 친구처럼 여겨졌다. 쉼 없이 피어나는 꽃송이를 들여다보고 있으면 심란했던 마음이 사라지기도 했다. 어쩌면 식물의 에너지가 나의 몸과 마음에 안정을 초래해 주지 싶었다.

그러면서 프란시스 버넷의 〈비밀의 화원〉이라는 동화를 생각했다. 부모의 죽음으로 귀족인 고모부의 집에 얹혀살게 된 소녀와 고모의 아들인 병약한 소년이 버려진 화원을 돌보면서 심신을 치유해가는 과정의 이야기다. 비록 너른 정원은 아니지만 나는 분갈이를 하고 누런 잎을 따주고 거름을 넣어주고 하는 과정에서 마음에 기쁨을 얻었다. 화분에 담긴 흙에서도 풍겨오는 향기가 있고 물 젖은 흙에서도 너른 대지 한 폭을 느낄 수 있었다.

식물들도 사람의 보살핌을 받지만 그들 자신에게도 잘 살아가고자 하는 의지가 엿보였다. 꽃나무를 키운다는 것은 화사한 꽃을 보고 싶기도 하지만 뭔가 돌본다는 자혜慈惠의 마음을 북돋고 있음을 알게 되었다. 태어나고 사라진다는 세월의 무상함을 꽃으로 가늠하는 낭만적인 마음도 있었다.

땅으로 떨어지는 것을 두려워하는 꽃은 정녕 없을 것이다. 지는 모습이 있기에 피는 꽃이 더 아름답지 않을까. 아무것도 남김없이 온전히 내어놓는 꽃의 모습이기에 우리에게 더 큰 기쁨을 안겨주는지도 모른다. 나도 언제까지 지중한 내 생존을 설레며 기뻐하며 누리다가 어느 날 꽃처럼 조용히 지고 싶다.

시든 치자나무를 보면서

꽃치자나무에 드문드문 핀 몇 송이 꽃들이 차례로 시들고 있다. 초여름부터 병원을 들락거리다보니 꽃나무가 어찌 지

내는지 들여다볼 겨를이 없었다.

화분에 있는 흙이 바싹 마르고, 잎이 시들어 늘어질 때야, 서둘러 수도꼭지를 틀고 고무호스로 물을 마구 쏟아 부었다. 그나마도 때맞추어 주었다면 그 아니 좋으랴만, 어쩌다 생각이 미쳐 어정어정 걸어 나와 물을 뿌려주곤 했으니, 말 못 하는 꽃이기에 망정이지 행여 꽃들에게 입이 있었다면 어찌 그리했겠는가.

화사하게 핀 꽃을 보면 미소 짓고, 제때에 꽃 피우지 못하면 무슨 꽃이 이모양인가고 타박을 했다. 사람의 잘못이지 꽃의 탓은 아니다. 꽃나무들은 어린애와 꼭 같다. 손 한 번 더 가면 줄기도 실팍해지고 꽃잎도 튼실해서 꽃들도 한결 오래 간다.

시든 치자나무를 보면서 사십 년 전 막내를 낳았을 때 일을 생각한다. 아이를 낳고 보름 만에 이사를 하게 되었다. 갑작스런 이사로 이삿짐을 옮긴 다음 집수리를 시작했다. 괜찮은 대목을 물색하다 보니 타지에서 오는 사람이라 집에 들어앉히고 일을 하게 되었다. 미장이며 허드렛일 하는 사람들 끼니 챙기는 일이 만만찮았다. 도우미가 있다고는 하지만 해산한지 보름밖에 안 된 내가 종종걸음을 쳤다. 갓난아기가 보채지 않으면 젖 먹일 시간을 놓치는 일이 잦았다.

한 달여 동안의 집일이 끝난 후 아기에게 예방접종을 하러 병원엘 갔다. 담당 선생님이 연신 고개를 갸웃거렸다. “아기 넷 중에 유난스레 몸무게가 불지 않았다.”라며, 웬일이냐고 물었다. 아기 데리고 갈 때면 매달 몸무게나 키, 발육상태가 미국 아기들보다 훨씬 낫다면서 물 주어 콩나물 기르듯 하냐는 말을 매번 들었었다. 아이 셋 모두 전라북도 우량아 대회에서 최우수상을 탔던 일을 익히 알고 있어서였다.

그 후로 제 시간을 맞추어 젖을 먹이고 정성을 다해 돌봐주니 아기가 형이나 누나들처럼 무럭무럭 잘 자랐다. 먹는 것만이 다가 아니라 어미의 사랑이 아이를 제대로 자라게 하는 것이라는 걸 그제야 알게 되었다. 그즈음해서 막내도 일 년 후엔 최우수우량아 상을 받게 되었다.

큰아이가 수상했을 때였다. 인터뷰한 전북일보 기자가, 아기 몸무게가 2.75kg이었다는 말을 듣고서 그런 신생아를 일 년 동안에 서양애기들 버금가게 키웠음을 높이 산다고 했다. 큰딸 전에도 자연유산이되었기에 아기가 보채고 밤을 새워도 탓하지 않았다. 어떻게 잘 먹여서 잘 키우나 오로지 그 생각뿐이었다. 열두 번 아이를 가져 넷을 건졌으니 10년 동안 무던히 가슴 졸이며 살았다.

그 무렵 이웃에 아기를 맡아 기르는 이가 있었다. 옆에서 보기에도 정성스레 아이들을 잘 돌보았다. 그런데도 웬일인지 맡겨진 아이마다 탐스럽게 자라질 않았다. 그때에 나이

드신 어른들 말씀은 "햇볕 없이 그늘에서 자라는 나무들 같다."고….

당시에는 잘 이해하지 못했었다. 이제는 내가 꽃을 기르면서 깨닫게 된 셈이다. 아기나 꽃이 마찬가지라는 것도 내가 꽃을 돌보면서다. 그때에 들었던 그 말씀을 문득문득 떠 올리곤 한다. (2018)

아잘레아 찬가

세한 스치는 바람으로
눈 다지는 소리
옷섶에는 시린 바람
서릿발을 딛고
피어나는 아잘레아

올 해도 여축없이
일렁임으로 내게 온 아잘레아
네가 있기에
훈훈한 온기 있어
의미가 자란다

뭇 꽃들 겨울잠인데
분홍 하양 빨강 알록달록
햇살무늬의 꽃 이파리
남이 볼세라 꽃잎 움츠리더니
때로는 수줍음으로
사랑의 마음 터뜨린다

| 제6부 |

나무에게서 듣는다

통곡의 미루나무

서울시 서대문구 현저동 101번지. 나는 지금 허물어진 형무소 터에 서 있다. 아랫녘에서는 꽃 소식이 분분한데, 때 아닌 적설로 너른 마당 전체가 흰 눈으로 덮여 있다.

1908년 일본 식민지였을 때 경성감옥으로 문을 열어 조국의 광복을 맞기까지 수많은 의병과 독립운동가 등, 애국지사들이 투옥되었고 고문과 처형이 자행되던 곳이다.

1987년 서울구치소라는 이름으로 불리다가 경기도 의왕시로 이전되었어도 80년 동안 서대문감옥, 서대문형무소, 서울형무소, 서울교도소 등 여러 번 명칭이 바뀌었지만 감옥이라는 점에서는 변함이 없었다.

그 이름의 변화만큼이나 지난 흔적들을 가늠할 수 없다. 안내책자에 실린 사진을 한참이나 들여다보다가 역사관으로 들어섰다. 역사관에는 애국지사들이 독립운동을 했다는 이유만으로 죽음에 이르도록 각목과 채찍으로, 전기고문과 물고문을 하던 당시의 현장을 재현해 놓은 여러 종류의 고문실이 있다. 좁은 문을 들어서니 수감자가 된 듯한 기분이다. 내 어찌 헤아릴 수 있을까 마는, 80여 년 전 독립운동가들은 이 좁은 문을 지나면서 어떤 마음으로 발걸음을 떼셨을까.

전신이 마비되는 고문기구의 벽관이 있고 독방을 재현해서 관람객들이 직접 들어가 체험해 볼 수 있게 한 공간도 있다. 움직일 수 없을 만큼 비좁아서 2~3일이 지나면 저절로 온몸이 마비되는 고문기구이다.

때마침 그곳을 관람하던 고등학생쯤으로 보이는 한 학생이 겁도 없이 고문기구 안으로 들어가더니 단 몇 초도 견디지 못하고 뛰쳐나온다. 온몸이 조여들어서 견딜 수가 없다고 친구들에게 이야기하고 있다.

다시 몇 걸음 지나니 '유관순굴'이 있다. 유관순 열사가 죽음을 맞은 사방 1m도 채 안 되는 독방이다. 그 굴 앞에서는 서 있기조차 가슴이 시린지 사람들은 눈길을 피하고 만다. 유관순열사의 사진만이 덩그러니 걸려 있다.

아우내 장터에서 독립만세를 부르다가 수감되어서도 아침저녁으로 만세를 불렀던 어린 소녀. 3·1운동 1주년인 1920년 투옥자들과 함께 옥중 시위를 벌이다가, 이곳 지하 독방으로 격리되어, 손톱발톱이 다 뽑혀나가고, 천정에 거꾸로 매달아 코에 고춧가루 물을 붓고, 불에 달군 인두로 온몸을 지지는 잔혹한 고문을 당하다가 빛이 들지 않는 캄캄한 먹방에서 열여섯의 한참 나이에 순국하셨다. 여성애국자들은 의자에 묶인 채 손톱 끝을 나무꼬챙이로 쑤시는 고문으로 목숨을 잃거나 불구자가 되기도 했다.

무심히 지나칠 수 없는 현장, 발걸음마저도 조심스러워서 숨을 죽인다. 이름조차도 생소한 여러 가지의 고문현장을 지나치며 나도 모르게 가슴이 죄어든다. 걸음을 세우고 다시 한

번 돌아본다. 환청인가. 그때의 신음소리가 들리는 듯하다.

어렵게 역사관을 빠져나왔다. 구름 낀 하늘을 올려다본다. 그 옛날 담장 망루의 모습과 옥사였던 건물 한 채가 눈에 들어온다. 울타리 높이 쌓아 올려진 붉은 벽돌 하나마다 애달픈 사연이 새겨져 있는 듯하다.

아픈 사연은 무심코 내디딘 발밑에도 있다. 옥사 빈터에는 보도블록 대신 땅바닥에 깨진 벽돌 조각들이 덮여 있다. 그냥 지나칠 수 없다. 수감 중에 있던 애국지사들을 강제 동원하여 구워낸 역사의 산물이기 때문이다.

벽돌 한쪽에는 일제강점시대에 '경성감옥' 에서 제작된 것임을 입증하는 '京' 자가 새겨져 있다. 한 걸음 또 한 걸음 내디딜 때마다 숙연해진다. 애국지사들의 한이 서린 아픔을 나는 지금 딛고 서 있다. 나도 모르게 신고 있던 신발을 벗어들었다. 잠시 동안의 형식이지만 그래야 될 것만 같은 마음이었다.

벗은 신발을 다시 신었다. 사형장 시구문으로 향한다. 시구문 밖은 묘지였는데 이런 사실을 아는가 모르는가 지금은 아파트가 빽빽이 들어차 있다. 원래 시구문은 사형을 집행한 시신을 형무소 밖 공동묘지에 몰래 버리기 위해 뚫어 놓은 일제가 만든 비밀통로였다. 자신들이 저지른 만행을 감추기 위해 폐쇄했던 것을 1992년 서대문 독립공원으로 조성하면서 입구에서부터 40m를 복원해 놓았다.

길이라고도 할 수 없는 좁고 어두운 지하로. 그 옛날 마치 하수도관 같은 그 길을 따라 이 나라의 많은 애국지사들이 형무소 밖 공동묘지로 몰래 버려졌던 것이다.

시구문 조금 못 미쳐서 사적 324호로 지정된 사형장이 있다. 일제가 지은 목조건물이다. 전국에서 사형선고 받은 애국지사들을 이곳에 이감하여 사형을 집행했던 곳이다. 어두컴컴하고 음침한 목조건물 내부에는 사형수가 앉는 의자며, 그때에 사용했던 굵은 동아줄이 그대로 내려져 있다. 사형을 집행할 때 배석했던 사람들이 앉은 긴 의자도 그대로 보존되어 있다. 으스스한 한기에 머리카락이 꼿꼿이 서는 듯했다.

사형장 입구에 서 있는 한 그루 미루나무와 눈이 마주쳤다. 진초록의 잎이 수없이 바뀌었을 터인데도 나무둥치는 거무스레하니 앙상하다. 이승을 못다 살고 간 이들의 한이 서려서일까. 아니면 맺힌 가슴 풀지 못하고 떠난 그들이 목이 메어, 나무가 그렇게 어설프게 생겼을까. 그 모두를 지켜보았을 나무는 어찌 견디어냈을까.

미루나무 아래 세워둔 안내문에는 이렇게 적혀 있다.

통곡의 미루나무

사형장 입구 삼거리에 하늘 높이 외롭게 자라고 있는
이 미루나무는 처형장으로 들어가는 사형수들이 나무
를 붙들고 통곡했다는 곳으로 유명하다.
또한 사형장의 또 한 그루의 미루나무는 사형수들의 한
이 서려 잘 자라지 않는다는 일화가 전해지고 있다.

건물 구조와 그 나무 위치로 보아 모든 사형수는 그 앞을 지나게 되어 있다. 일제강점기 같으면 옥사에서 끌려나올 때 벌써 얼굴에 용수갓을 씌워 앞을 볼 수 없게 했다. 수갑을 채우고 그것도 모자라서 뒷짐결박에, 발목에는 족쇄까지 절그럭거리며 그 앞을 지나게 된다. 그뿐인가. 두 사람의 장정이 사형수 양편에 서서 수갑까지 채워진 그의 두 팔을 끼고 걸었다고 한다. 그런 와중에 어떻게 발걸음을 멈추고 통곡이라도 마음껏 할 수 있었겠는가.

끌려가면서 조금 있으면 세상을 하직한다는 것을 알아챘을 것인데, 사형장으로 걸어가면서 어떤 몸짓을 했을까. 품었던 꿈 지우고, 풀지 못할 억울함을 안고 마지막을 향해 내딛는 걸음. 그 모든 것들을 미루나무는 지켜보았을 것이다.

선열들 같으면 국운이 기울어 침략자의 손에 잡히었으니 죽는 처지를 비탄했을 것이며, 해방 후 전쟁에 휘말려 억울하게 죽어간 이들도 있었을 것이다. 아까운 죽음도 있었을 것이고 잘못된 죽음인들 어찌 없었으랴.

미루나무는 그들의 마지막 외침을 들었을 것이며, 사라지는 마지막 뒷모습도 보았을 것이다. 또 파렴치범일망정 그가 세상을 등지는 순간에 지은 몸짓이나 탄식도 기억할 테지.

가던 걸음 못 박혀 머물러 서서 어머니를 부르며 통곡했다 하니, 마지막 길에서 만난 나무는 그날 어머니의 가슴으로 함께 울었으리라. 무수한 발자국 못 박혀 서면 그때마다 어찌 다 감당했는지. 그 통곡소리 하늘에 올라 노을에 젖었을까. 맑디맑은 하늘의 흰 구름이 되었을까. 높직한 가지에 걸려 우는 바람 소리도 발걸음을 쉽게는 재촉하지 못했으리라.

우리 곁에서 아직도 고난을 기억하는 저 나무. 역사의 족적만큼이나 험난함을 겪은 나무. 통곡의 미루나무 둥치에 손을 얹으니 처절한 몸 떨림이 전해져 온다. 그때의 통곡이, 선열들의 함성이 들리는 것만 같다. 결코 감옥에 가둘 수 없었던 우리 민족의 외침 "대한 독립 만세!" (2001)

여숫골 호야나무

이른 아침 홍성역에 내렸다. 해미로 가는 버스를 타려고 하니 눈이 쌓여 길이 막혔다고 한다. 어렵게 떠나온 걸음, 다섯 시간 여를 한데서 발만 구르고 있었다. 정오를 지나자 버스가 움직이기 시작했다.

읍성 남문에 다다랐다. 가슴이 뛴다. 사연 깊은 곳에 서 있어서인가. 보고 싶은 나무를 만날 수 있어서일 게다. 눈이 덮여서인지 읍성 안쪽은 너른 들녘 같다. 저만큼 서 있는 나무 한 그루가 이내 눈에 들어온다. 곁가지들은 잘려 나가고 구새 먹은 둥치만 흰 눈을 이고 있어 얼핏 보기에 고사목 같다. 나무 옆에 세워진 알림판에는 이렇게 씌어 있다.

호야나무

옥 입구에 서 있던 300년 된 나무다.

이 나무의 가지에 천주교 신자들의 머리채를 매달아

고문했다.

그 흔적으로 철사 줄이 박혀 있다.

이야기는 200여 년 전으로 거슬러 올라간다. 지금은 천주교 성지가 된 이곳 해미읍성은 '해뫼' 라 불렸으며, 조선 초기에는 병마절도사 치소를 두었던 곳이다. 무반인 영장은 지역을 다스린다는 명분으로 천주교 신자들과 무고한 백성들을 마구잡이로 문책하며 수탈 참살했다. 1790년대부터 1880년대에 이르는 100년간에 걸친 신유, 기해, 병인박해 때는 하루에 수십 명씩 처형했고 생매장시킨 사람도 수천 명에 달한다.

읍성 서문 밖에는 신자들이 형장으로 끌려가던 길이 있다. 그곳 돌다리 위에서 '자리개질' 이라는, 팔다리가 묶인 신자들을 패대기쳐 죽이는 참혹한 방법으로 사람을 죽였다. 사람 수가 여럿일 때는 나란히 눕혀 놓고, 돌기둥을 떨어뜨려 한꺼번에 메어쳐죽이기도 했다 하니, 당시의 정황이 눈에 보이는 듯하다. 팔이 묶인 채 끌려오던 신자들을 거꾸로 둠벙 속에 처넣어 죽게도 했다. 그 '자리개돌' 과 '진둠벙' 이 지금도 그대로 남아 있어 보는 이의 가슴을 메이게 한다.

생매장되었던 주검은 해미천에 버려져 홍수로 유실되었고, 그들이 쓰던 묵주나 유물들을 어느 신부가 찾아내어 다른 곳으로 옮겼다가 얼마 전 여숫골에 안장했다. 바로 그곳에 순교탑이 세워졌다.

그들이 부르짖던 뜨거운 외침이 아직도 서녘 들판을 가로지르는가. 바람결에 그 원성이 들리는 것만 같다. 지금 설움으로 묻혔을 그 자리를 밟고 서 있음이 오히려 송구스럽기만 하여 발길을 호야나무 옆으로 옮긴다.

나무가 있는 그 자리는 옛날 감옥 터다. 원래는 두 채의 건

물이 있었다. 그 옥에는 많은 신자들이 갇혀 질병과 배고픔으로 죽어나갔다. 그들을 끌어내어 매달고 고문했다는 호야나무는 한겨울 서릿바람을 맞고 덩그러니 서 있다.

옥에 가뒀던 신도들을 꺼내 머리채를 철사로 묶어 동쪽 가지에 대달아 고문했다고 전해진다. 그 가지에는 띠를 두른 듯 철사 줄 박힌 자국이 남아 있다. 동쪽가지는 1940년 태풍에 잘려나갔고, 오래지 않아 가운데 줄기마저 폭풍우에 꺾어져 버렸다. 그 후 천주교 측에서 이 지역을 직접 관리하며 오늘에 이르렀다. 얼마 전 나무종합병원을 통해서 영양보급과 보강조치를 받게 한 뒤로는 수력이 한결 좋아졌다고 한다.

호야나무는 어디를 보아도 도도함이나 악함이 없어 보인다. 세찬 비바람을 어찌 홀로 감당했는지…. 발길질을 당하고 돌팔매를 맞아 생채기가 난다 해도 긴 세월이 지나면 새 살도 돋으련만, 잘려나간 자리에는 새움 한 번 피워내지 못하였는가, 여태 뭉툭하게 이지러진 채로다. 아직도 아물지 못하였음은 그때 그 풍상이 남달라서였으리라.

어느 평온한 마을 동구에 있었더라면, 지나는 길손의 쉼터쯤 되었을 것이련만. 초여름 모 심던 일손들이 그 그늘에서 목을 축이기도 했을 테고, 동리 아이들의 놀이터가 되었을 터인데, 저토록 처절한 모습이 되었으니…. 까치집 하나 얹혀 있지 않은 것을 보면 어쩌다 들판을 지나는 새들도 쉬어가지 않는 모양이다.

모진 생명들이 죽어가며 부르짖던 '예수마리아'. 그 기도 소리가 나무에 배어 있는 듯 눈바람 지날 때마다 그 소리가 귓전을 울리는 것 같다. 눈 파란 신부님의 말씀이나, 장옷을 쓴 안방 아씨의 독송 그리고 행랑아범의 울부짖음이 낮게 혹은 처량하게 들리는 듯하다. 늙은 양친을 두고 가는 아랫마을 개똥이랑, 갓 댕기들인 짚새기 순이며, 줄줄이 엮여나가며 뒤돌아보았을 이 나무.

떼죽음을 당했다던 윗마을 우물안집. 혼사 날 받았던 건넛마을 처자는 기도문을 찢기지 않으려 치마폭에 감추었다가, 서슬 퍼런 칼날에 베이고 말았다니 어느 한 사람 꽃상여에 실려나간 일 없고, 소리죽여 울음 삼킨 그 통곡들이 저 높이 닿았음인가. 하늘에서는 꽃잎 날리듯 눈송이가 분분하다.

이제 육신들은 숨을 거두었지만, 더운 피가 뿌려졌던 그 땅에서 잘려나간 자리에 두껍게 서린 자국만큼이나 긴 세월의 넋이 어린 호야나무. 몸통에 철사 줄이 파고들었으니 숨 조이듯 했으련만 스러진 몸이 거름이 되었는가.

해마다 봄이면 쇠잔한 몸으로도 연둣빛 싹을 틔우고, 여름이면 노란 꽃을 피워 가신 임 숨결을 기리는 것일까. 그때 다 못 전한 외침을 바람에 실려 날리고, 빗물에 흘려보냈으니 그 말씀이 세상에 퍼졌으리라. 발걸음 옮기는 순례자들도 나무에 기대서서 목이 멘다.

여숫골이라 부르는 지명에도 유래는 있다. 죽어가던 신도들이 '예수마리아' 라고 읊조리던 기도 소리를 '여수머리' 라 알아듣던 주민들의 입으로 전해지고 다시 와전되면서 '여숫골' 이라는 땅 이름으로 고착된 것이다.

호야나무는 정식 이름이 회나무다. 충청도 사투리로 호야나무라 부르던 것이 이 나무의 고유명으로 굳어진 듯 생각된다. 나무 둘레에는, 십 년 전에 어미나무의 씨를 받아 심은 네그루의 후계목後繼木이 자라고 있다. 동서남북 네 방위에서 마치 하늘 높이 팔을 벌린 시늉을 하며 큰 나무를 에워싸고 있다.

다시 꽃이 필 것 같지 않게 쇠잔해 보이는 어미나무. 새끼나무 넷을 옆에 거느리고 있으니, 그 울타리 어찌 튼실하지 않으랴. 순교의 넋이 서린 어미나무 옆에 뿌리내린 작은 나무 네 그루. 이름 없이 스러져간 순교자의 몸이 거름이 되어, 푸르게 자라기를 두 손 모은다.(1998)

향나무가 한 말

서초동 마루턱에 서 있는 향나무입니다.

나이는 800살.
품격은 서울시 보호수保護樹1-27.
이것이 나의 호적입니다.

물론 처음부터 길 한복판에 혼자 서 있었던 것은 아닙니다. 예전에는 크고 작은 나무들이 이웃하며 울창한 숲을 이루고 있었습니다. 소나무, 상수리나무. 떡갈나무들로 잘 어우러진 동산이었습니다.

봄이면 개나리 진달래가 피어나고, 다복솔 너머 비탈에는 배밭이 넓었습니다. 달 밝은 밤이면 배꽃이 사뭇 새하얗습니다. 해가 기울어 서녘 하늘이 물들 때면 새들이 깃을 찾아 날

아들었습니다. 때맞추어 휘파람새가 찾아와 고운 목청을 굴리는가 하면 해님보다 일찍 일어난 까치가 등 너머 저편 마을에서 있었던 경사慶事를 알려 오기도 했습니다.

뙤약볕 내리쬐는 여름이 오면, 큰키나무들이 무성한 잎을 포개어 떨기나무에게 시원한 그늘을 만들어 주었습니다. 바람은 먼 곳의 소식을 전해 주었고, 소나기는 하늘에서 만났던 구름 꽃의 장관을 일러주었습니다.

서늘바람이 일 무렵이면 누렇게 익은 배를 찾아오는 사람들의 발길이 잦았습니다. 푸른 하늘이 드높아지고 풀벌레 노래가 시작되면 다람쥐들이 바쁘게 돌아쳤고, 세찬 바람 불어와 잎진 나무들이 휘청일 때면 늘푸른 나무들이 바람막이를 해주곤 하지요.

어느 날, 산자락에 서 있는 미루나무가 호들갑스럽게 외쳤습니다.

"길을 넓히고 꽃마을 단지가 들어선대요."

그 얘기는 바람에 실려 멀리멀리 퍼졌습니다. 전나무, 잣나무들까지도 덩달아 좋아했습니다. 혼자만 키가 커서 먼 곳을 바라볼 수 있는 나, 향나무를 몹시 부러워했었는데 이제는 저희들도 자동차 구경을 할 수 있게 됐다면서 마냥 좋아라고 했습니다.

이듬해 봄, 땅이 파헤쳐지면서 나무들이 죄다 뽑혀나갔습니다. 길이 휑하게 뚫리고, 아스팔트 포장길 한가운데에 나만 덩그렇게 남겨졌습니다. 둘레가 깎여서 마치 단壇 위에 올라선 것처럼 되었습니다.

차량들이 밀어닥치기 시작했습니다. 어리둥절했던 것도 잠시고, 여느 나무들보다 빼어나서 한곳에 서 있음이 자랑스러웠는데 헛된 것임을 깨닫게 되었습니다. 요즘은 하루 수천수만 대의 차가 내 겨드랑 밑으로 지나칩니다. 그들이 뿜어대는 매연에 이파리들이 부옇게 생기를 잃을 수밖에 없습니다. 기

운을 잃은 내 모습이 딱해 보였던지 어느 날은 병원에 있는 중환자들처럼 링거 병을 주렁주렁 가지에 매달고 수액을 맞기도 했습니다.

비바람에도 끄떡없이 버티던 팔뚝 크기의 큰 가지들, 눈을 무겁게 이고도 무거운 줄도 몰랐던 손마디 잔가지들. 그것들도 지금 맥없이 쳐지고 검게 그을린 살갗 줄기와 더불어 어제 날의 모습이 아닙니다. 근처에 건물이 들어서기 전만해도 내 모습은 시골 어느 동네에 있는 정자나무보다 더 우람했습니다. 이파리들조차 서서히 머리카락 빠지듯 설피어지더니 날이 갈수록 왜소해지니 무슨 까닭일까요. 밤에는 차량들의 불빛에 쫓겨 하늘의 별들마저 하나 둘 숨어 버립니다. 이제는 비가 오지 않는 날에도 별을 볼 수가 없습니다. 혼자 서 있는 날이 많아지면서 차츰 어디론지 뽑혀간 지난날의 이웃들이 자꾸 보고 싶어집니다.

작년에 이런 일이 있었습니다. 나는 서울시 지정 보호수여서 나를 돌보아주는 김씨가 자주 다녀갑니다. 내 굵다란 줄기는 구세가 먹어서 깊게 파여 있었어요. 김씨는 검으틱틱한 시멘트같이 생겼는데 우레탄이라나요. 그것을 버무려서 내 몸통에 다져넣고 철사로 칭칭 동여맸습니다. 바람에 꺾일까 걱정되어 하는 일이겠지만 좀 갑갑해야 말이지요. 숨이라도 시원스레 쉴 수 있으면 좋으련만. 그날 내 밑동 둘레에서 자라고 있던 철쭉들이 묶여 있는 나를 올려다보며 어찌나 안타까워하던지요.

며칠 전이었어요. 차가 밀려 서 있을 때, 두 사람이 밖으로 나와 내 돌단에 기대어 담배를 피우며 주고받는 말입니다.

“서울은 아황산가스가 많아져서, 어디 공기 좋은 곳으로 집을 옮겨야겠어.”

“맞아. 게다가 오존 치까지 높다잖아.”

그들은 차안에 공기 정화기를 달았고 가끔씩 가족을 데리고 시외로 나가서 맑은 공기를 마신다고 이야기합니다. 담배를 비벼 끄고 다시 차에 올라타 엑셀러레이터를 밟았을 때 차체의 꽁무니에서는 푸른 연기가 뿜어졌습니다.

어제 김씨가 다시 왔습니다. 낯선 사람과 함께 트럭에서 길쭉한 쇠파이프를 내렸어요. 두 사람은 내게로 오더니, 한 사람은 밑으로 처진 내 팔뚝가지를 들어올리고 또 한 사람은 초록색 파이프를 그 아래로 밀어 넣어 받쳐놓았습니다. 그런 다음에 구부정한 내 허리를 억지로 펴기라도 하려는 듯 이리저리 기둥을 세워 보다가 그만 어쩌지 못한 채 돌아갔습니다. 그들이 돌아간 뒤에 옆에 있는 철쭉은 이렇게 말했어요.

“향나무 할아버지는 마치 성경에 나오는 모세 같아요. 적군과 싸울 때 두 팔을 들고 있으면 이기고, 팔을 내리면 져서, 아론과 후르가 양쪽에서 두 팔을 떠받들고 있었잖아요. 꼭 그렇게 생겼어요."

한결 편하기는 하지만, 언제까지 이러고 버틸 수 있을지는 나도 모르겠어요. 참, 어제는 모처럼 비가 왔습니다. 먼지 앉은 잎들이 말끔히 씻겨 한결 시원해졌습니다. 그때 빗줄기는 이렇게 말하더군요. 맑은 물을 내려주지 못해서 미안하다고.

이제 봄이 왔으니 꽃들이 나들이를 하겠군요. 해마다 팬지꽃이 제일 먼저 온답니다. 그 꽃도 처음 와서는 밤낮 없이 지나는 자동차 행렬과 높은 빌딩 숲에 감탄하더니, 며칠 못 가서 목이 아프다며 병이 나고 말았습니다. 작년에도 그 전해에도 그렇게 시들어, 여름이 오기 전에 이곳을 떠나버렸습니다.

오늘 아침에는 택시와 승용차가 부딪쳤습니다. 그런 사고는 늘 있는 일이어서 이야깃거리도 못됩니다. 공장이나 공사장에서 나는 진동음, 혹은 행상이 외치는 마이크 소리가 몇 데시빌이니 하지만, 나도 온종일 들려오는 경적과 소음 때문에 바람이 실어다주는 먼 데 소식을 들어내지 못합니다. 요즘 내게 바람이 있다면, 조용한 곳으로 가서 예전에 이웃하고 있었던 친구나무들과 함께 지내는 일입니다. 줄무늬 다람쥐, 솔방울의 풋풋함, 저녁과 새벽으로 지저귀던 크고 작은 새들, 그런 것들 모두가 그립습니다.

새들이 내 가지에 앉아 오물을 흘리고, 설혹 벌레들이 오르내리며 나를 간질인다 해도 나무라지 않겠어요. 혼자 잘나서 이곳에 있었음을 뽐냈는데 이제는 부끄럽게 생각합니다. 오래지 않아 나는 더욱 쇠잔해지겠지요. 사람들이 쇠기둥을 몇 개씩 받치면서 버티고 있으라는데 난들 어찌하겠어요.

며칠 전 일입니다. 핸드폰을 든 남자가 내 옆에 차를 세웠어요.

"지금 차가 밀려서 꼼짝을 못해. 여기? 향나무 사거리야. 우회전해서 오라고? 그래 알았어."

그는 우측으로 차선을 바꾸면서 갔습니다. 이렇듯 나, 향나무는 자동차나 행인들의 길 안내도 하지만, 이정표 구실도 한답니다. 그러니 막상 내가 떠난다면 사람들은 얼마나 혼란스러워할까요. 서울 시장이나 어느 장관 이름은 잘 모르지만 서초동 향나무 사거리를 모르는 사람은 드문 터이니 말입니다.

오늘도 나는 교통신호 대에 올라선 교통순경처럼 이 등마루에 우뚝 서 있습니다. 초췌하지만 의젓한 모습으로 말입니다.(1997)

통화

수필집을 준비하면서 제주도의 '잃어버린 마을의 팽나무' 이야기를 고쳐 썼다. 마침 그곳에 살고 있는 순정엄마가 생각나 전화를 몇 번 시도 했지만 부재중이었다. 굳이 손전화까지 쓸 만큼 급한 일이 아니어서 기다리다보니 며칠이 훌쩍 지났고 그녀에게서 전화를 받았다.

"4월 내내 4 · 3행사 참석하느라 분주했어요."

"무슨 일로?"

"제가 4 · 3 유가족 아니겠어요?"

처음 듣는 이야기여서 몹시 놀랐다. 십여 년 전 나는 팽나무 이야기를 쓰기위해 4 · 3현장에 있었던 나무들을 찾아다닌 적이 있었다. 그때의 일을 들어 알고 있기에 충격이 이만저만 아니었다. 한동안 말문을 열지 못했다.

순정 엄마와 처음 만난 것은 8월 중순쯤 세브란스병원에서였다. 순정 엄마는 건강검진 때문에, 나는 허리 병으로 2인실을 함께 썼다. 순정엄마는 부부교사인데다가 제주도에서 살고 있어 정기적으로 약 타가는 일이 여간만 큰 걱정이 아니라고 했다. 그런 사정을 듣게 된 나는 약을 타서 보내주는 심부름을 자청했다.

아이들이 크면서 겨울이 오면 싱싱한 귤을 누구보다도 먼저 우리 집 식구들이 먹게 되었다. 순전히 순정 엄마의 덕이었다. 십수 년 전 일본에서 묘목을 들여와 첫 수확을 했다면서 경험 삼아 맛보라는 한라봉을 시작으로 겨울이면 어김없이 이어지는 그의 온정이 매우 도타웠다. 자녀들 혼사를 하나하나 치르면서 대학에 재직 중인 큰딸의 아기와 아들네 아기까지 봐줘야 한다고 한라봉 농사는 그만두었다지만, 가을이면 자기네 가까운 집의 무농약 상품을 보내주는 순정한 여인이다. 속내를 트고 그렇게 오가며 지낸 세월이 어언 30년을 넘겼다. 한참 동안 지난 일을 돌아보며 생각에 잠겨있을 때 귓가에 순정 엄마의 음성이 울렸다.

"우리 제주사람끼리도 그런 말 절대 안 합니다."

'그런 말' 이란 바로 4 · 3사건을 지칭함이다. "절대 안 합니다." 라는 말에 나는 몹시 놀랐다. 상처가 얼마나 깊었으면 긴 세월 동안을 함구하고 지냈단 말인가.

"그동안 살면서 수 없이 보아왔어요. 그 일로 해서 온 가족이 연좌제에 묶여 사회생활도 제대로 못하는 것을… 가족을 잃고 수십 년을 한스럽게 보냈는데 자식들에게까지 화가 미치면 안 되지요. 그것이 두려워서 절대로 발설을 할 수가 없었어요."

뿐만 아니라 자기 친정일로 해서 다음 세대까지 불이익을 당하게 되면 어미로서 어찌 살겠느냐는 이야기였다.

그 이야기를 듣고서야 말 못하고 살아 온 순정 엄마의 마음을 조금이나마 헤아릴 수가 있었다. 우리 사전에는 연좌緣坐제란 범죄인과 친족관계에 있는 사람에게 연대책임을 지우는 것이라고 적혀 있다. 6·25전쟁과 남북분단이라는 특수한 시대적 배경을 지닌 우리나라이기에 사상범과 부역자 월북인사 등의 친족들이 감당해야 할 불이익 처우는 세인의 상상을 불허할 지경이었던 것이다. 해외여행이나 공무원 임용에 있어서도 예외가 아니었다. '붉은 것' 이라는 낙인 때문에 직장도 얻을 수 없고 타인의 눈총과 손가락질에서 벗어나지 못하고 보면, 살자니 죽느니만 못한 세월이었으리라.

"겪어 보지 않은 사람은 모르지요. 그 울분으로 생목숨을 끊은 사람이 어디 한둘인가요. 생각해보세요. 죄목도 모르고 부모를 잃었고, 형제랑 자식을 잃었어요. 가난으로 업신여김을 당하면서도 가까스로 버티었잖아요. 끝내는 취직도 못하니 어떻게 살 수가 있겠어요."

그녀가 잠시 멈추었던 말을 다시 시작했다.

"몇 해 전에도 4 · 3유가족 신고기간이 있었어요. 그냥 있었지요. 그랬는데 옛날 친정어머니 살던 동네에서 함께 살았던 사람들이 신고를 했더라고요. 지금 살고 있는 동사무소에서 어느 날 확인하러 왔어요. 그래서야 밝히게 되었다니까요."

2006년 4 · 3명예회복 특별법이 생기고, 고 노무현 대통령의 사과문이 발표되면서 제대로 된 4 · 3추모행사를 갖게 되었다. 떳떳하게 나다닐 수 있게 된 것이 무엇보다도 다행스럽다는 얘기를 들으면서 나도 모르게 수십 년 전 4 · 3 사건 때의 일 중 혹여 생각나는 게 있느냐고 묻고 말았다.

"어렴풋하게나마 기억나지요. 어머니 등에 업혀 산으로 가

던 일이랑, 자다가도 손을 뻗어 어머니가 만져지면 그냥 눈을 감았고 아니면 이불 속으로 숨어 들어 울었고…. 알게 모르게 들리는 이야기들이 온통 그런 사연들이었으니까요."

그녀는 마음을 가다듬으려는 듯 깊은 숨을 몰아쉬었다.

"한라산 중산간이 반으로 나뉘면 동쪽 부락은 박씨, 서쪽은 우리 외갓집인 강씨 집성촌입니다. 외증조할아버지가 마을 구장을 지내셨어요. 형편이 그런대로 괜찮으셨대요."

어느 날부턴가 마을이 술렁이기 시작했다. 4·3무장봉기가 일어났다. 뭍에서 들어 온 극우단체인 서북청년단과 응원 경찰들이 "빨갱이와 폭도를 색출한다."며 주민들 토벌작전을 개시하였다. 해가 지면 산山사람들에게 양식을 빼앗기고, 날이 새면 군경들이 들이닥쳤다. 낮에는 밤에 양식을 건넨 것으로 군경들의 트집이 드셌고, 밤에는 낮에 군경이 다녀간 것으로 산사람들에게 부대꼈다. 구장을 지낸 집이라는 까닭으로 제일 먼저 외할아버지가 잡혀갔다. 얼마 안 있어 외삼촌 둘이 붙들려갔다는 전갈이었다. 그로부터 며칠 지나지 않아 낯선 사람들이 들이닥쳐 "잠깐이면 된다."고 아버지의 팔을 끼고 나갔다. 아버지도 그 길로 종무소식이었다.

그렇게 끌려간 사람들이 트럭에 실려 떠나고 나면 어김없이 탕! 탕! 탕! 공포의 총성이 마을 안팎을 뒤흔들었다. 낯모르는 사람에게 붙들려 문 밖으로 나간 이들은 한 사람도 돌아오지 않았다. 아버지만은 오실 것이라고 굳게 믿는 어머니가 밤에도 잠을 못 주무셨다. 어머니의 훌쩍거리는 소리에 자다 깨다 그렇게 날이 밝기가 일쑤였다.

어느 하루, 마을 사람들이 모두 한라산으로 피신을 하였다. 육지에서 들어 온 진압군이 누가 아군이고 적군인지 구별을 할 수가 없으니 중산간 마을을 떠나라고 대피령을 내렸기 때문이다. 가을까지는 그런대로 지낼 수 있었지만 입은 옷도 변변찮은데 겨울은 닥치고 달리 쉴 곳도 없으니 산자락에 거적 하나 둘러쓰면 안방이나 다름없었다. 추위와 굶주림으로 견디기가 몹시 어려웠다. 그해 겨울은 유난히도 폭설이 심했다.

시린 바람 속에서 어머니의 산통이 시작되었다. 들어앉을 움막도 없이 나뭇가지를 붙잡고 눈밭에서 해산을 했다. 바로 내 아래 남동생이었다. 옆에 있는 이웃들이 입고 있던 옷을 벗어서 갓난이를 감싸주었다. 오래 굶주려 온 산모가 아기에게 빈 젖을 물린들 무슨 소용이 있을까. 아기는 끊임없이 보채는데 그 울음소리 때문에 행여 이웃에 해가 미칠까 두려워 갓난이를 안고 마을로 내려왔다. 그로부터 아버지를 내놓으라는 닦달이 다시 시작되었다.

누구 손에 끌려갔는지도 모르게 사라진 아버지를 어디에서 찾아낼까. 날마다 서슬 퍼런 으름장이 가해졌다. 종내는 해산한 지 보름도 되지 않은 어머니가 지치고 힘없어 노그라진 몸으로 끌려들어갔다. 행여나 하고 갓난이를 앞세워 동정을 구걸도 해봤지만 어림이 없었다. 모진 고문과 매질을 못이긴 어머니는 끌어안고 있던 아기를 그만 바닥으로 떨어뜨리고 말았다. 집으로 온 지 며칠 지나지 않아 아기가 끝내 숨을 거뒀다.

"외갓집도 우리 집도 그렇게 대가 끊겼어요."

목이 메어 더는 말을 잇지 못하는 그녀였다.

"그때부터 어머니는 제대로 몸을 못 쓰십니다. 늘 넋이 나간 사람 같아요. 날씨라도 끄무레하면 날궂이로 온통 한밤을 지샌답니다."

그녀의 목소리가 어디 먼 곳에서 들려오는 허허로운 바람소리 같았다. 말 한마디 입 밖에 내지 못하고 가슴안창에 품고 지내온 60년 세월이 아니던가. "내가 철들 때까지도 영영 돌아오지 않은 아버지. 아버지의 진지 그릇이 늘 아랫목 차지를 했었어요. 밭을 갈고 짐승을 키우며 어머니의 손이 닭발처럼 험하게 되었어요. 하나밖에 없는 딸을 당신 목숨 이상으로 아끼셨지요. 그 어머니

덕분에 여학교도, 과분하게시리 대학까지 마칠 수 있었어요.”

흘러간 한 세월을 추스르지 못하고 고스란히 끌어안고 그렇다고 울컥울컥 토도 못해 온 그녀에게 엄혹하기만 한 과거의 잔영을 있는 대로 끌어내게 한 내 자신이 미웠다. 그녀에게 깊은 상처를 헤집어 파내는 아픈 일이 되고 말았으니 나무슨 말 있어 위로를 주랴. 착잡한 마음만 깊어갔다.

“정부에서 공식적인 사과는 했으나 그렇다고 달라진 것은 없었어요. 보상금이 나오는 것도 아니고요. 그 시절 갖은 고생을 다하던 어른들은 모진 병고로 벌써 세상을 떠나고 없어요. 살아있다 하더라도 육지로 나가 뿔뿔이 헤어졌으니 생사도 모르지요. 혹여 ‘붉은 것’ 으로 몰릴까 두려워 ‘보트 피플’이 되어 일본으로 떠난 사람들도 많았대요. 그래도 이제는 4 · 3유가족이라는 것을 숨기지 않아도 되니 다행스럽지요.”

4 · 3사건 후유증으로 앓고 있는 사람들에게는 의료혜택이 주어진다고는 하지만 그녀의 어머니는 삭신을 제대로 못 쓰는데도 대창으로 찔린 흔적이나 눈에 뵈는 어떤 흉터자국이 없어서 거의 혜택을 받지 못한다. 하기야 그 정도의 골병은 그 무렵 웬만한 제주 사람들 모두가 안고 산다.

그녀가 애기무덤에 대해서 들어 본 일 있느냐고 내게 물었다. 얼핏 생각나는 것이 서울 양화진 선교사 묘지에 있는 애기무덤이었다. 100년도 훨씬 전 선교사인 부모로 해서 이

나라에서 태어났지만 열악한 환경으로 성장하지 못했던 그 아기들이 떠올랐다. 그녀는 "양화진 묘지의 애기무덤과는 전혀 다르지요."라며, 북촌초등학교 서쪽으로 소나무가 있고 바로 거기에 '애기무덤' 이 있다. 그녀의 목소리가 가녀리게 떨렸다.

"4 · 3사건을 진압하는 과정에서 제주도 해안 마을인 조촌면 북촌리에서 수백 명의 양민들이 목숨을 잃었고 어린 아이들까지도 무참히 희생되었어요. 그때 운 좋게 살아남은 어른들이 비록 돌밭일망정 가엾은 어린것들의 시신을 묻어주었기에 그곳이 애기무덤이 되었지요. 한 구덩이에 두셋씩 묻었어도 수십 기의 무덤이 자그맣게 도래도래 생겨났어요. 지금은 불과 서너 기만 도도록하게 남아있어 그날의 참사를 증언하고 있답니다. 하도 오래되다 보니 누구 돌보는 사람도 없고, 이제는 편편한 흙바닥이 다 되었지요. 요즘엔 어쩌다가 그쪽으로 지나기도 하지만 수십 년 동안 그곳은 차마 쳐다보기도 애처로운 금단의 지역이었어요."

등등이 그녀가 회억하는 대강이었다. 제주도의 전통적인 무덤은 아니어도 제주도에 흔하기만 한 돌들을 예닐곱씩 빙 둘러쌓아 두었을 뿐이라고 했다.

"마을 전체가 불태워졌으니 변변한 봉분인들 돌볼 사람이 어디 있을 것이며, 철따라 떼를 입힐 사람이 어디 있겠어요.

그저 초라하기 그지없는 조그마한 무덤이 고작이어서 외지 사람은 와서 보아도 긴가민가할 겁니다. 소나무 밭에 널려있는 검은색 현무암 아시지요. 구멍 숭숭 뚫린 돌. 제주도 특유의 돌인 그 돌들을 몇 개씩 그렇게 둘러놓은 것이어요."

북촌리에 그런 애기무덤이 있다면 순정 엄마의 가슴에도 그때 잃은 남동생의 애기무덤 자리가 있을 것이었다. 바로 그때였다. 칭얼대는 아이들의 목소리가 전화선을 타고 들려왔다. 세살, 다섯 살짜리의 손자들이 블록을 가지고 그녀의 옆에서 놀다가 아이스크림 사달라고 떼를 쓴다고. 길고 긴 할머니의 통화가 아이들을 무료하게 하고도 남았으리라. 나는 급히 채근하여 일단은 전화를 끊었다.

삶의 모퉁이 어디쯤에선가 잃어버린 유년시절, 아직도 아물지 않은 상처투성이로, 그늘진 역사의 질곡에서 숨죽이며 견뎌 온 순정 엄마여! 천직으로 여겼던 교단생활도 이제는 접고 아예 손자들 보는 재미에 푹 빠져 산다는 그녀. 까르륵 아이들 웃음소리와 햇빛 가득한 날들만이 이어지기를 주님께 간구 드린다. 그녀의 가슴에 묻은 60년의 세월, 힘든 통화였다.(2018) ❀

양화진 선교사 묘지의 나무

개신교 역사와 함께해 온 나무가 있다. 양화진 묘지에 서 있는 느티나무다. 그 나무는 1백여 년 전, 이 땅에 복음을 들고 온 선교사들을 만남으로써 남다른 역사를 이루어냈다. 시골의 정취를 느끼게 하는 나무는 아니어도 150세라는 수령으로 봐서는 아직 든든할 수세인데, 밑동 전부가 커다랗게 구세 먹었다. 우레탄폼으로 메워진 것을 보니 외과치료를 받은 흔적이다.

지금의 '양화진 묘지' 정식 명칭은 '외국인묘지공원' 이다. 마포구 합정동 145번지. 합정동 로터리에서 찾아갈 수도 있고, 강변로에서 '절두산순교기념관' 이라는 이정표를 따라 들어설 수도 있다.

양화진은 예전에 경기도 이북과 한강 남쪽을 잇는 중요한 나루터였고 군사적 요충지이기도 했다. 1839년 대원군이 새

남터에서 시작한 천주교 박해가 1866년 병인년에 1 만여 명의 천주교도를 학살한 양화진 처형으로 이어진다. 사람의 목숨이 터가 된 그 위에 천주교에서는 병인박해 100주년을 기해 절두산 성당을 지었다.

지금은 지하철 2호선을 사이에 두고 천주교와 개신교의 성지가 마주보고 있으니, 어느 누가 짐작이나 했을까. 서양을 배척하고 천주교도들을 처형한 그 양화진 나루터를.

양화진 언덕에 개신교 선교사들의 무덤자리를 만든 것은 1890년이었다. 1884년. 하나둘 복음을 들고 왔다가 바람 사나운 양화진 언덕바지에 묻히더니 이제는 그 많은 선교사들이 이 언덕에 누워 있다. 국적은 달라도 이 땅의 복음을 위해서 왔다가 이 땅에서 삶을 마치신 선교사들이다.

천천히 묘역을 둘러본다. 묘비들이 한눈에 보인다. 그것은 흐르다 멈춘 시간이리다. 시간이 멈춘 공간. 역사 속으로 들어 와 있는 느낌이다. 묘비마다 죽은 날짜와 세상에 태어난 날이 적혀있다. 먼저 가고 나중에 간 날짜가 무슨 소용이 있을까마는 살아 있는 자들을 위해서였으리라. 그들은 문명의 혜택 속에서 살았고, 보장받는 미래도 있었다. 박사학위, 대학 교수, 영달로 통하는 그 모두를 마다했다. 풍요로운 조국과 정든 고향, 그리고 가족을 등지며 몇 달씩 배를 타고서 본 일도 들은 일도 없는 조선 땅으로 왔다. 의료지원과 교육을 위해 선교활동을 했고, 이 땅의 문명화를 위해 헌신했다.

그때, 이 땅은 참으로 살기 힘든 곳이었다. 여름에는 빈대나 벼룩, 겨울에는 이들에 시달렸다. 오두막 흙바닥에서 비위생적으로 살았으며, 장질부사나 이질에 걸리고, 천연두를 앓다가 세상을 떠난 사람이 부지기수였고, 일본 경찰의 고문은 얼마나 혹독했던가.

신학문을 전하려고 공부할 아이를 구하려 다녔지만 양이들이 잡아먹는다고 누구도 서양 사람들에게 아이를 맡기지 않았던 그런 시절이었다. 그렇듯 낯설고 힘겨운 이 땅에 무엇을 보고 목숨을 바치려 했을까. 자기 나라로 돌아가 임종을 하고도 조선 땅을 못 잊어 시신으로 다시 와서 묻히기도 한 선교사들도 있었다.

오늘 따라 묘지 전체가 시원스레 보인다. 눈여겨보니 한 젊은이가 벌초를 하고 있다. 그 손길이 지날 때마다 묘지가 말끔해진다. 다른 한 쪽에서는 낡은 보도블록을 새로이 바꾸고 있다. 다가오는 광복절 행사를 위해서 묘지를 다듬고 있단다. 그때에야 외국인 독립유공자 묘지와 선교사 묘지가 함께 있다는 게 생각났다.

'독립유공자 헐버트박사 52주기 추모식' 이라고 쓰인 현수막이 나무 사이에서 펄럭이고 영국인 신문기자로 왔던 '배설裵說 선생의 제92주기 추모대회' 라고 쓰인 또 하나의 현수막을 아까 벌초하던 청년이 나무와 나무 사이에 끈으로 비끄러맨다. 언론인 단체와 우리 정부, 그리고 영국대사관에서 관리하고 있어선지, 그의 묘비 앞에는 늘 꽃이 놓여 있었다. 양화진 묘지에서 제일 큰 비석이 서 있는 묘지이기도 하다. 묘비의 크기와 생전의 공적이 꼭은 비례하지 않겠지만 이곳에 오면 왠지 쓸쓸해진다.

양화진에 올 때마다 가슴 아픈 일이 또 있다. 어린아이들의 묘에 세운 표석이다. 이름과 태어난 날과 죽은 날이 쓰여 있기도 하지만 대부분 구획도 없이 묘석만 세워둔 곳이 많다.

어느 곳에는 모서리 한쪽이 깨진 작은 십자가가 서 있다. 부모를 따라 왔다가 이 땅에서 죽은 여덟 살 소녀의 이름을 나는 물끄러미 바라본다. 6 · 25 전쟁의 상흔이랄까. 총탄에 부서진 자국도 남아있다. 묘비들은 작거나 크거나 풍상의 내력이 역력했다.

결코 그 아이들이 선택한 이 땅이 아니련만 부모를 따라와서, 아니면 이 땅에서 태어났기에 이 땅에 묻힌 수십 명의 아이들. 숨져간 그 애들이 애처롭기만 하다.

구세군으로 왔다가 꿈을 펴기도 전 노방전도를 하다가 넉 달 만에 병으로 숨진 스물다섯 살의 청년. 고아의 아버지로 일생을 바친 일본인 소다[曾田] 선생. 그는 양화진 언덕에 누운 유일한 일본인이다. 최초의 의료선교사 알렌은 나중에 본국으로 돌아가 병원을 개업했지만, 당뇨로 두 다리를 절단했다. 고향을 떠난 세월이 길다 보니 아는 사람도 없이 쓸쓸하게 생을 마쳤다. 언더우드가문의 예스런 묘비도 있다. 언더우드 부부, 맏아들부부, 맏손주며느리 등, 삼대가 있고 아직도 이 땅에서 살고 있는 가족들이다.

섬김을 받으러 온 것이 아니라 섬기러 왔다는 아버지 아펜셀러와 그의 아들. 그리고 딸 셋이 이 땅에서 6 · 25를 겪다가 세상을 떴다. 아펜셀러 묘지 바로 옆에는 허물어진 땅에 강바람에 깎인 화강암 비석만 덩그러니 놓여있는 곳이 있다. 기포

드Gifford Hayden 부부의 묏자리이다. 언더우드와 함께 백 년도 훨씬 전 내가 출석하고 있는 서교동교회의 초석이 된 선교사였다.

수없이 많은 역사가 잠들어 있는 이곳을 오늘의 양화진 묘지로 있게 한 선교사가 있다. 왕실에서 고종임금의 옥체를 돌보던 의사 헤론이다. 콜레라로 죽어 가는 수많은 환자를 살려냈지만 정작 한에 그가 이질로 죽고 나니 그에겐 한 평의 누울 만한 땅도 허락되지 않았다.

민간에서는 외국인 시신을 묻으면 재앙이 내린다는 두려움으로 땅을 팔지 않는데다가 왕궁에서 삼십 리 안쪽으로는 묘지를 쓸 수가 없었다. 7월의 더위는 시신을 빨리 부패시켜 어쩔 수 없이 헤론이 살던 집 뒤뜰에 묻기로 했지만 마을 사람들의 반대로 그조차 할 수가 없었다. 알렌 선교사의 주선으로 어렵게 허락 받은 땅 양화진. 도성에서 멀리 떨어진 그 언덕이 선교사 묘지의 시초가 된 셈이다.

"한 알의 밀알이 땅에 떨어져 죽지 아니하면 땅에 그대로 있고 죽으면 많은 열매를 맺느니라." 긴 세월 비바람에 깎여 알아보기도 쉽지 않은 비문을 한 글자 한 글자 가슴에 새겨 본다.

느티나무 위로 부서져 내리는 햇살이 참으로 눈부시다. (2001)

월계관수月桂冠樹

그곳에는 내력 깊은 나무 한 그루가 서 있다는 말을 오래 전에 들었다. 월계관수月桂冠樹라고 했다. 벼르던 어느 하루, 만리동 고갯길에 쓰인 '손기정 공원'이라는 안내 팻말을 읽으며 쉽게 찾아들 수 있었다.

그의 모교인 양정중고등학교가 목동으로 이전하면서 학교가 있던 자리에 손기정옹을 기념하는 체육공원을 조성했다. 그의 애국심을 기리기 위해 만든 공원이기도 하다.

연륜 깊은 학교 터라 그런가. 갖가지 수종의 아름드리나무들이 걸음을 멈추게 한다. 한여름 땡볕 쨍쨍한 무더위에 매미소리와 어우러져 그리도 푸르른가. 어디를 둘러봐도 녹음이 짙다.

놀이기구에서 재잘거리는 아이들. 운동장을 누비는 청소년들. 구기코트에서 땀을 흘리는 청년들. 그들의 시끌벅적한 소리가 해묵은 나무들 사이로 울려 퍼진다. 드문드문 벤치에 앉아 담소를 나누기도 하고 잘 닦인 산책로를 따라 걷는 시민들이 한가롭다.

화살표를 따라 '손기정의 월계관수月桂冠樹'를 찾아가 본다.

"승리의 영광을 위해 자라고 더 높은 완성으로 나아가리라.
1936년 8월 9일 제 11회 베를린 올림픽대회 마라톤에서
우승하여 당시 독일 총통인 히틀러로부터 손기정 선수가
받은 상수賞樹임."

고대 그리스에서는 우승자에게 지중해 부근에서 자라는 올리브 가지와 잎으로 만든 월계관을 씌워 주었다. 가뭄에도 잘 견디고 산불이 지난 자리에서도 파랗게 움이 트는, 생장력이 좋고 단단해서 그리스인들의 표상이었다.

우승자인 손기정에게 독일 총통은 나무 한 그루를 선물했다. 그 상수賞樹를 가져와 자신의 모교인 양정학교에 심었다. 손기정이 출전했던 그해는 본래 사용되었던 올리브나무

가 아니라, 미국수종인 참나무를 사용했지만 나무 종류가 아닌 한 그루 나무에 더 깊은 뜻이 담겨있다 할 것이다. 우승자에게 올리브나무를 사용하는 것은 내력이 있다. 제우스신의 아들인 헤라클레스가 제우스 신전 앞에 심은 오리브나무로 화환을 만들어 쓴 것이 계기가 되어 헤라클레스를 그를 기념하는 뜻이라고 한다.

작달막한 무궁화 그루들이 모닥모닥 서 있고 그 앞쪽으로 월계관수가 서 있다. 외대로 올라가 둥그스름하게 펼쳐진 잎새들이 한낮의 햇살을 받아 윤기가 자르르하다. 70여 년쯤 되는 수령樹齡에 수고樹高가 15미터쯤 되니 장령壯齡이다. 올려다보기에도 그리 부담스럽지 않고, 멀찌감치서 바라보기에도 한눈에 든다. 수관樹冠이 참으로 보기 좋다.

서양의 어느 곳에서 떠나와 심어진 나무. 낯가림 없이 이 땅에 뿌리를 내려 이 나라의 나무가 된 월계관수. 의연하고 기품 있어 보임은 나뭇잎 사이로 빛나는 하늘이 드높아서인가. 그 교정에서 자랐던 소년들의 왁자지껄한 웃음소리와 부푼 꿈이 스미어서인가.

굴곡 많은 우리 역사이기에 아픈 세월 견디느라 울퉁불퉁 옹이진 마디도 있으련만, 헛자람도 없고 구세 먹은데도 없이 곧게 뻗은 줄기마다 초록으로 무성하다. 해마다 저리도 푸르게 우거졌으리라.

월계관수 뒤쪽으로는 손옹의 흉상이 자리하고 있다. 그 자리는 자신의 나무 월계관수를 엇비슷하게 바라볼 수 있는 그런 높이이다. 2시간 29분 19초. 세계 신기록의 숫자 이전에 손기정 생애 최고의 영광을 안겨준 숫자이리라.

동아일보에서는 이 장거를 알리고자 손기정선수의 유니폼에 붙은 일장기日章旗를 지워 신문에 내보냈다. 널리 알려진 '일장기말소사건' 이었다. 사진을 수정한 화가는 미술책임자였던 그 유명한 청전靑田 이상범이었다. 일본총독부는 사진부장 사회부장 신문사 간부들을 구류처분하고 언론계의 활동도 금지시켰다. 동아일보는 무기정간을 당했다.

손기정이 우승 후 독일 사인북에 'Seoul Korea 손긔정

KEE G SON' 이라고 쓴 일이 일본정부에 의해 말썽이 되었다. 비록 일장기를 달고 우승을 했지만 자신이 조선인이라는 것을 알리고 싶었으리라. 그때 나이 24세였다. 그날의 심정을 노년의 자서전에서 이렇게 털어놓았다. "우승 시상대에서 일장기를 쳐다보며 일본 국가를 듣는다는 것이 견디기 어려운 곤욕이었다."

IOC의 공식 기록에는 여전히 일본인으로 남아 있었던 손기정옹. 광복 50년 만에야 호주 크로넨탈 IOC 위원의 노력으로 한국이라는 국적을 되찾을 수 있었다. 당시 부상으로 받은 그리스제 청동투구도 되받았다. 고대 그리스 투사들이 마상경기馬上競技를 할 때 사용했던 투구였다. 아테네의 '부라딘' 신문사가 마라톤 우승자에게 부상으로 수여하기로 하였으나 우승자인 손기정에게 전달되지 못하였다. 그동안 베를린 박물관에 보관되었다가 1986년 국적을 찾은 그해, 손기정에게 전달되었다. 암울한 시대에의 민족혼이 깃든 투구. 지금은 국립중앙박물관에 소장되어있다.

2002년 가을. 1세기 가까이 역사의 산증인이었던 손옹은 90세로 영면하시었다. 그가 타계한 뒤 미공개 사진이 한 개인에 의해서 공개되었다. 베를린 시상대에서 화분으로 일장기를 가린 채 고개를 숙이고 서 있는 사진이었다. "영웅은 당대보다 후대의 역사가 평가하는 것"이라는 소신으로 그 사진 공개를 미뤄왔다고 한다.

오늘 그의 이름으로 명명된 공원에 앉아 월계관수月桂冠樹를 바라본다. 자신과의 사투가 끝나고 승리의 월계관이 씌워지는 순간, 환희로 가슴 설레어야 할 그 순간에 고개를 떨구고서 있었던 손기정 선수의 마음을 헤아려본다. 10만 관중들의 함성과 우레와 같은 기립 박수소리, 그리고 "마침내 우승은 했지만 울고만 싶소."라고 독일 신문과 인터뷰했다던 그의 목소리도 들리는 듯하다.

조선의 서러운 한을 돌아보게 하는 나무. 지난날의 아픔과 그 빛나던 날의 회억이 매달려 있는 나무. 그래서 그의 전설이 깃든 월계관수月桂冠樹. 손기정을 만나 이 땅에 뿌리를 내렸으니 꼿꼿한 그 모습으로 오래오래 무성하거라. (2004년)

| 평설 |

사랑과 향수의 미학

김우종 (문학평론가)

1. 사랑과 향수

은옥진의 수필은 '사랑과 향수의 미학' 이다. 사랑과 향수라는 소재로써 가슴을 울리는 미적 감동의 언어 예술을 만들어 나간 것이다.

'빈 벽을 바라보며' 라는 책 제목은 허무주의자의 인생론 같다. 실제로 텅 빈 벽을 바라보고 있는 것이 아마도 은옥진이 감추고 있는 내면세계일지도 모른다. 남들은 동의하지 않더라도 나 역시 '빈 벽' 에는 좀 동의하는 편이다. 인생의 나무 잎이 다 떨어져 갈 무렵인 만추의 계절에 이르러 거의 10년 동안 천장이나 벽만 바라보는 일이 잦았다면 누구나 잿빛의 철학자가 되기 쉽기 때문이다. 물론 은옥진은 그 후로 2018년의 지금까지 건재하고 또 앞으로도 살아갈 것이니 그때 이 작가가 도착했던 곳이 인생의 종착역이라 생각했다면 이는 착각이지만 그곳이 인생의 근원적 존재 가치를 캐묻는 명상실이었던 것만은 사실일 것 같다.

그때부터 이 작가가 빈 벽에 칠해나간 바탕색은 농밀한 잿빛이다. 그리고 나도 그런 편이기에 '빈 벽을 바라보며'가 틀린 제목은 아닐 듯싶다.

빈 벽은 하얀 캔버스와 같다. 우리의 인생이 빈 벽인 줄 알게 되면 색을 칠해 가며 그림을 그려야 한다. 이 세상엔 주어진 인생이 빈 벽인 줄 아는 사람과 이미 온갖 그림으로 꽉 채워져 있고 고쳐 그릴 수도 없다고 믿는 사람 두 가지가 있다. 은옥진은 전자에 속하기 때문에 그림을 새로 그릴 수밖에 없었다. 그것이 짙은 잿빛을 바탕색으로 해서 그린 사랑과 향수의 그림이다.

여기서 사랑은 자비 자애 등과 바꿔 써도 좋은 유사어이며 이 그림의 주제다. 그리고 향수는 소재다. 더 정확히 말하면 향수병이다. 그러니까 여기 수록된 많은 작품들은 끊임 없이 덧나는 향수병鄕愁病의 아픔을 사랑으로 치유하는 힐링 프로세스라고 할 수 있다. 그 사랑은 향기롭기 때문에 이 약을 병에 담을 수만 있다면 향수병鄕愁病을 치유하는 향수병鄕愁病이 될 것이다.

은옥진 작가는 수필집 《빈 벽을 바라보며》에서 '나는 무엇으로 살아왔는가?' 라고 자기 존재에 대하여 자문하며 이에 대한 답을 정리해 왔다. 그것이 사랑과 향수를 먹고 사는 존재의 표현양식이며 그 양식은 수필이다. 수필이라는 산문예술의 보석을 얻는 것이다.

누구나 마지막으로 높은 산정에 닿으면 하산하기 전에 그동안 걸어온 길을 되돌아보고 싶어질 것이다. 삶의 목적은 마지막 종점이 아니라 거기까지의 과정이 무엇이냐에서 의미를 찾게 되는 것이라면 은옥진의 이 수필집은 이처럼 종점 몇 걸음 앞에서 뒤를 돌아보며 그 과정의 의미를 자문하고 답을 정리한 것이다.

그런 과정으로서 작자는 다음 네 가지를 되돌아 보고 있다.

첫째, 너무도 아팠던 지난 10년간의 삶,

둘째, 지난 유년기의 가족 이야기,

셋째, 가족은 아니지만 가족처럼 함께 살아온 꽃 이야기,

넷째, 나무 이야기.

이 네 가지는 가장 유사한 공통성을 지니고 한 데 묶일 수 있는 두 단어를 고르라는 4지 선다형 문제가 되면 수험생들을 애먹이게 된다. '꽃과 나무' 두 단어가 가장 정답에 가깝지만 '유년기와 지난 10년' 의 두 단어도 인생의 단위를 말하는 단어로서 한 데 묶일 수 있기 때문에 수험생들이 볼펜을 굴리며 헛갈리게 된다.

은옥진은 자신의 경우에 인생이란 무엇인가라고 자문하기 위해서 이 네 가지 단어를 제시하고 나머지 숱한 이야기는 생략했다. 그러나 김정희의 〈세한도歲寒圖〉에서 집과 소나무 뒤의 빈 하늘도 모두 나무와 집과 더불어 많은 이야기를 하고 있듯이 수필에 나타나는 많은 이야기의 생략도 이와 관련된 숱한 속삭임이 될 것이다.

그런데 자신에게 묻는 자문이라 해도 출제자가 묻고 싶은 것이 저마다 따로 있기 때문에 작품마다 성격이 다르다. 은옥진도 물론 그런 의미에서 자기 철학을 전개한다.

수필이 일반적으로는 자문자답의 장르가 되고 그래서 흔히 신변잡기라는 욕을 먹기도 하지만 은옥진의 답안지로 나타나는 작자의 자화상은 그것이 아니다, 그것은 제 집 울타리에 갇힌 자화상이 아니라 태초부터 살아온 인류의 한 분자로서 인생이란 무엇인가라는 근원적 보편적 삶의 공간에서 살아가는 존재로서의 자화상이다. 그리고 다른 하나는 한반도라는 사회적 역사적 환경 속에서의 자화상이다. 그러므로 제 집 울타리에 유폐된 문학이라는 인상은 소재의 인상일 뿐이다.

작자는 그 소재를 통해서 인생의 근원적 존재를 캐묻는 철학적 사상성을 펼쳐 나가고 있고, 다른 한편으로는 한국인이 살아온 사회적 역사적 환경의 실상을 고발하는 정의감과 분노가 깔려 있다.

이렇게 이 수필집은 철학적 존재로서 자문자답해 나간 자화상과 이 나라의 사회적 역사적 존재로서의 자화상 두 가지를 그려 나갔지만 이것은 크게 하나의 주제에 묶인다.

'나' 는 개인이지만 우리는 '우리' 라는 사회 속에서 살아간다. 그러므로 나와 우리는 결국 하나다. 그뿐만 아니라 나밖에 모르는 얌체족과 '우리' 를 우선 순위로 삼는 도덕군자는 다 같이 사오백만 년 전 아프리카 북부 해안 출신이든 유인원類人猿 할아버지의 후손이든 오스트랄로피테쿠스인지 김씨 인지 이씨 박씨인지 같은 씨이기 때문에 이에 대한 탐구는 하나의 정답에 도달할 수 있다.

이렇게 도달한 은옥진의 답은 연민憐愍의 대상이 되는 '가엾은 존재' 다.

'인간은 근원적으로 고독한 존재' 라고 흔히 말하지만 은옥진의 인생론이 도달한 정답은 '가엾은 존재' 가 더 적절할 것 같다.

고독한 사람은 궁합에 잘 맞는 짝을 지어주면 치유가 되지만 '자애, 연민, 사랑' 의 힐링은 '외롭다' 보다는 '가엾다' 라는 증세로 보는 것이 더 절실한 치유법을 찾게 해 줄 것이다.

2. 노스탤지어와 사랑의 치유

이 수필집 제1장 '열 번째 가족사진' 에는 이 이름의 작품 등 8편이 실려 있다. 제목 그대로 이 작품들은 거의 모두 작가의 핏줄이 흐르며 소재들이 매우 가까이 밀착되어 있다.

〈열번째 가족사진〉은 은옥진 가족이 5년에 한 번씩 경복궁의 경회루 앞에서 찍은 사진 얘기다. 처음에는 창경궁 장서각 앞에서 남편과 사진을 찍었다고 한다.

가족사진을 찍으려면 개구리 동요처럼 자식 손자 며느리 다 같이 모여서 와글와글하며 살을 붙인 밀착형 대열이라야 된다. 동맥 정맥 피가 흐르려면 모두 그렇게 붙어 있어야 한다, 이 모습이 TV를 통해서 전국 시청자에게 알려지고 이렇게 뭉쳐진 대가족에게 광고 제의를 하는 기업체까지 등장한 것은 이것이 지극히 드문 현상이기 때문이다. TV라는 언론 매체나 기업체가 이들의 가족사진에서 어떤 의미를 찾았는지 알 수 없지만 문학작품으로서의 이것은 인간이면 누구나 지니고 있는 향수병을 드러낸 가장 전형적인 사건이다. 아니 이것은 사람만의 사건이 아니다. "여우도 죽을 때는 머리를 북쪽에 둔다."는 말처럼 또는 바다로 나가 있던 연어들이 어른 고기가 된 후에는 모두 민물의 제 고향으로 돌아오듯이 모든 생명체는 태어날 때부터 향수병을 앓는다. 고향을 찾고 부모

형제를 찾는다. 다섯 해에 한 번씩 경복궁 앞에 모여 가족사진 찍는 것은 먼 바다로 떠난 연어들이 어느 날 모두 그들이 태어난 고향으로 돌아가는 것이나 여우가 죽을 때가 되면 고향이 그리워 머리를 그쪽으로 두고 죽는다는 것과 꼭 같다.

모든 생명체들은 이처럼 태생적으로 향수병을 앓는다. ('향수병' 이라는 용어는 '피부병', '흑사병' 처럼 기분 나쁜 '병' 자가 붙어 있으니 노스탤지아나nostalgia나 홈식homesick이라 함이 더 좋기도 하지만 설명의 구체성을 위해서 그대로 '향수병' 을 사용하자.)

> 아무리 세상이 바뀌어도 여전히 변하지 않을 것이 있다. 우리 가족사진이다. 오늘도 우리 가족 열다섯을 가장 무늬 곱게 간직해 줄 올해의 가족사진 앞에서 하나하나와 눈을 맞추고 있다.
>
> 〈열 번째 가족사진〉

새끼 연어들이 먼 바다로 나가서 살다가 더러는 배부른 아줌마가 되고 더러는 수염이 길다란 아저씨가 되어 돌아온 장면이 가족사진인데 이들은 천년 만년이 흘러가도 여전히 하나의 핏줄로서 이렇게 만남을 계속할 것이라고 작자는 믿고 있다. 그런데 향수병의 아픔이 이날만큼은 사라지겠지만 이들이 맨날 경복궁 경회루로 나가 살 수는 없다. 사진 찍고 밥

한 끼 먹고 나면 다음은 이별이며 향수병은 더 아프게 도진다. 그렇게 모든 생명체는 아파하며 살다 가야 하므로 가엾은 존재이고 원천적으로 자애와 자비와 사랑의 처방전을 받고 살아야 한다.

자비와 자애와 사랑의 처방전이 어떤 것일까? 이것은 병이나 비닐 팩을 주렁주렁 매달고 간호사가 들여다보고 있어도 치유가 어렵고 약방에서 내줄 수 있는 약도 없다. 다만 가족사진에서처럼 헤어지면 서러운 사람들이 늘 함께 있어야 한다.

그런데 이를 위해 맨날 만날 수는 없는 대신 할 수 있는 처방이 하나 있다. 끊임없는 관심이며 사랑이다.

〈그해 여름〉은 그런 가족사진 이야기다. 실향민들이 고향이 그립고 헤어진 부모형제가 그리워 임진각의 망향대를 찾아가듯이 작자는 세 살 적 꿈같은 이야기에서부터 2012년경까지 거의 일생 동안에 일어났던 일들을 회상하며 핏줄을 찾아가고 있다.

첫머리의 이야기는 일제가 물러가던 1945년 8월의 이야기다. 남의 나라를 침략하고 와 있다가 망해서 돌아가던 일인 아줌마에게 새벽 밥을 지어 주던 이야기에서부터 고향에 빨치산이 출몰하고 전주로 이사하고 나이 60에 큰 병을 얻게 될 때까지의 이야기니까 꽤 긴 세월의 회고담이다.

이것은 은옥진 한 사람의 개인적인 회고담이지만 모든 생명체가 저마다 어떻게 살든 본질은 이런 향수의 공통성을 지닌다. 여우가 죽을 때 제 어미가 길러 주던 북쪽의 굴에 머리를 두듯이 그리고 연어들이 마지막에는 고향에 돌아와서 죽듯이 누구나 모두 작별을 강요당하며 향수병을 앓다가 마지막으로 쓰러지는 운명의 시간을 기다리고 있다.

사람에게는 여우나 연어 같은 것에 대한 비유가 실례가 되겠지만 근원적으로 모든 생명체는 이같은 과정을 밟고 사라진다. 그러므로 살아 있는 자는 모두 연민의 대상이며 자애와 자비와 사랑을 받아야 한다. 이것이 최선의 치유법이다.

작자는 다행히 아직은 옛 고향에 도착한 연어나 여우가 아니다. 작자는 거의 10년간 죽음의 종착역까지 갔다가 개찰구로 나가지 않고 지난 세월을 되돌아 보고 있다.

모든 생명체들이 지닌 향수병은 배냇병에서부터 시작된 것이다. 탯줄을 끊을 때부터 아픈 병이니까 배냇병이나 마찬가지다. 그리고 누구나 탯줄을 끊지 않으면 이 세상에 나와서 살 수 없기 때문에 그 아픔은 일생 동안의 불치병이다. 그래서 자비 자애 사랑은 모든 인간에게 가장 소중한 삶의 조건이다.

'그런즉 믿음과 소망과 사랑의 세 가지는 항상 있을 것이니 그중에 제일은 사랑' 이라는 성경의 한 구절은 그런 의미에서 어떤 종교와 상관 없이 모든 생명체들이게 제1의 필수적인 선택이다. 그리고 여기서 사랑은 에로티시즘이 아니라 자비 자애와 함께 불교를 비롯한 대부분의 종교와도 같은 덕목이다.

작자는 희수의 고령에 지난날을 회고하며 글 쓰기를 계속하고 았다. 그런데 누운 채로 책을 보고 글자 하나 하나를 찍어 가면서 작품을 완성하기도 하며 거의 10년 만에 일어나 제주도 여행까지 할 때(〈10년만의 나들이〉에서)는 참으로 벅차오르는 기쁨을 맛보았을지도 모른다. 이 수필에서 작자는 온 가족의 배려로 비행기를 타고 제주도 여행까지 하며 감사의 정을 고백하고 있다. 그 기쁨은 새로운 풍경에 대한 감사이기보다는 그를 아껴 주는 가족에 대한 감사다. 작품이 전하는 서정적 주제가 관광지의 외계풍경보다는 혈육에 대한 서정성이 주요내용이 되고 있는 것은 역시 향수병을 앓는 인간으로서 그럴 수밖에 없는 필연적 반응이다.

〈한 그루 갈매나무〉도 그렇다. 이것은 언니의 유년기와 그 후의 이야기다. 나무를 잘 타다가나무에서 떨어지고 우물에도 빠지고 아버지가 사 준 세일러복을 망치며 장난이 심했던 언니에 대한 옛 이야기가 재미있다. 그리고 이같은 언니에 대한 그리움 역시 향수병을 앓는 인간의 병상일기다. 지나가버린 과거의 세월 속을 헤매며 언니라는 핏줄을 찾으며 아픔을 이기기 힘든 인생론을 적은 것이다.

그 언니가 팔십을 넘겼다. 맏이라는 책임감으로 자신의 꿈을 접어야 했던 지난 세월, 바람 세찬 산기슭에 홀로 서서 눈비 마다않고 굳건히 자신의 위치를 지켜 낸 한 그루의 갈매나무. 그것은 가감 없는 내 언니의 모습이었다.

〈한 그루 갈매나무〉

2018년 작이니 최근작이며 이제 80노인이 된 언니 얘기이니 가장 먼 과거에 대한 회상부터 이어지고 있어서 더욱 가슴 아픈 인생론이다. 우리는 모두 자애와 자비와 사랑을 갈구하며 이렇게 사라져 간다는 인생론. 물론 여기서 말하는 사랑은 청춘남녀의 그것이 아니라 Pity나 Charity에 해당된다.

이상은 주로 제1장의 작품들이 말하는 내용이지만 다른 많은 작품들에서도 이것은 공통적으로 나타나고 있는 작자의 인생론이다.

3. 자연과의 대화

은옥진은 나무와 꽃들에게 말을 걸고 그들의 말을 듣는 사람이다.

작자는 아버지가 꽃을 가꿀 때부터 이미 100여 종이 모였으니 꽃에 묻혀 살아온 사람이다. 그런데 이들은 정원만이 아니라 집안에도 가득하니 작자는 항상 이들에게 물을 주고 때로는 거름을 주지만 그보다는 사랑을 주기 위해서 끊임없이 말을 걸고 말을 들어주고 있다. '제 5장 나의 꽃 이야기' 는 이처럼 꽃에 묻혀 사는 작자의 모습이 전부이지만 꽃은 이 수필집 도처에서 얼굴을 내밀고 있다.

꽃들로 해서 유년시절의 고향을, 안 계신 어머니를 그리워하기도 하고, 형제들을 생각하기도 하며, 딸아이들이 보고 싶어지기도 한다. 아버지 어머니가 가꾼 수많은 꽃나무들의 풍경이 나도 모르는 사이에 뇌리에 박혀 지금껏 그 기억대로 내 손을 거쳐서 다시 만들어내고 있음이다.

〈나의 꽃 이야기들〉

이 작품은 번호를 붙여 가며 10개의 짧은 산문과 시 한 편으로 나뉘어져 있다.

〈꽃들에게 말 걸기〉, 〈고향집 마당〉, 〈꽃 한 송이의 위로〉, 〈꽃은 서러움이다〉 등 산문에다 마지막으로 시 한 편 〈아잘레아 찬가〉를 수록했다.

이것은 모두 꽃 이야기를 담고 있지만 식물도감처럼 꽃에 대한 해박한 지식을 전하는 글은 아니다. 앞의 인용문에서 말하고 있듯이 많은 꽃 이야기들은 작자의 고향과 가족들을 상기시키는 사물로서 등장하고 있다. 그렇다고 해서 꽃이 이 작자가 막을 열어 놓은 무대의 조연급이나 소도구에만 그치고 있는 것은 아니다. 작자가 꽃에 묻혀 산다고 하는 것은 꽃이 작자와 함께 한 가족으로 연출되고 있음을 의미한다.

〈과자나무〉도 꽃 이야기다. 꽃의 색과 형태와 피기까지의 과정 등을 설명한 것은 아니고 꽃나무에 얽힌 삶의 이야기다. 지섭이라는 어린아이가 올 때마다 꽃나무에 과자를 매달아 놓고 그가 꽃을 찾아서 따먹게 하는 이야기를 통해서 꽃나무들은 피어 았을 때의 매력만이 아니라 일상적 삶에서 이야기를 만들어 나가는 무대의 탤런트 역할을 한다. 꽃들이 이 집에서는 항상 함께 숨쉬고 살아가는 가족이다. 그러므로 꽃들도 이 우주의 한 공간에서 작자가 만난 혈육이며 이별하면 아플 수밖에 없는 대상이다. 작자가 이들에게 말을 걸고 듣는 것은 이들이 그처럼 정을 주고 받는 대상이기 때문이다.

이런 점에서는 꽃만 의미가 있는 것은 아니다. 그의 삶의 이야기는 모두 서사보다는 서정적인 대화의 소재들이다. 물론 이 작가에게도 감동적이며 재미 있는 서사적 스토리들이 많다. 〈친구의 꽃핀〉도 꽃 이야기지만 문학적 가치를 높이는 소재로서 재미있는 스토리가 되고 마지막에 설치한 기법에

의해서 더욱 흥미를 증대시키고 있다. 그렇지만 그런 기법이나 이것이 던지는 주제 속에 담긴 정서의 깊이가 더 중요하다. 〈뻥튀기 폭죽 터지듯〉도 감동적인 스토리로서 수필의 재미를 더해주지만 뻥튀기 기계를 겨우 마련해서 멀리 아프리카 소년들의 마을에 가 있는 젊은이의 모습이 전하는 인생론이 더 가슴에 오래 남는다. 헤어지면 아플 수밖에 없는 사람들의 이야기이기 때문이다. 〈가슴 따뜻한 이야기〉도 그렇다. 그리고 다욱 감동적인 인생론은 〈전화 걸기〉다. 〈통화〉도 그런 전화걸기에서 얻어진 작품이지만 낯선 사람들에게까지 걸기 시작한 전화걸기의 행위의 의미가 감동적이다. 아픈 사람은 아픈 사람끼리 대화를 통해서 위로하며 아픔을 덜 수 있겠지만 작자의 전화걸기에는 정서적 교류를 통한 인생의 구원이라는 더 큰 의미가 있다. 대화를 통한 이런 감정의 교류는 장벽을 허물고 서로 따뜻한 가슴으로 안아주고 다독여 주는 사랑의 몸짓이기 때문이다. 작자는 낯선 사람들에게까지 이렇게 장벽을 깨며 다가가서 그들을 가슴에 품어주고 있다. 모든 생명체는 자애와 자비와 사랑을 먹고 살아야 하는 연민의 대상이라면 작자는 이에 대한 치유법의 하나로 전화걸기를 과감하게 실천하고 있다.

은옥진은 이것 말고도 과거를 회상하며 아픔을 달래는 특수 분야가 있다.

작자는 안견安堅의 〈몽유도원도〉를 보기 위해서 박물관에 사흘동안 찾아간다. 임진왜란 때 일본이 약탈해 간 우리 국보인데 전시가 끝나면 되돌려 줘야 한다는 것 때문에 자식을 빼앗기는 부모처럼 서러워서 사흘씩이나 보고 또 보러 간 것 아닌가 짐작해 본다.

이것이 전쟁의 아픔을 말하는 것이라면 이 이야기를 듣기 위해 찾아다니는 작자의 모습은 나무들의 이야기에서 더욱 생생하게 전해진다. 〈통곡의 미루나무〉는 서대문 감옥의 사형장 옆에 있었다는 나무 얘기다. 〈여숫골 이야기〉는 천주교 신자들이 처형된 해미읍의 역사적 현장에 서 있는 나무들 이야기이고 〈폭나무의 세월〉은 제주도 4 · 3 사건을 목격한 현장의 나무들 이야기다. 이 작품은 이번 수필집에 수록되지 않았지만 〈통화〉는 전화걸기로 듣게 된 4 · 3사건의 비극으로서 이번 수필집에 발표되고 문예지 《창작산맥》에도 발표되는 작품이다.

자자는 지난날의 역사를 듣기 위해서 이를 현장에서 목격한 나무들을 찾아 다녔다. 현장의 목격자이기 때문에 그들도

총알을 맞았다. 필자는 2009년 《에세이문학》 겨울호에서 이렇게 말했었다

> (상략) 이렇게 의인화된 나무와의 대화를 통하여 나무 밑에서 벌어진 사건들을 생생하게 그려 나간다는 것은 매우 훌륭히 문학적 감동을 성취해 내는 창작기법이 된다.
>
> 또 나무는 서정성과 함께 회화적 형상화의 효과를 만들어낸다. 억울한 죽음의 현장은 참혹하지만 나무는 인간과 다른 모든 짐승들에게도 위안을 주고 안식처가 되어주는 것이므로 상처를 어루만져 주듯이 부드러운 서정적 감각을 살려 준다.
>
> (하략) 〈현대사의 아픔과 남다른 창작 기법〉에서)

은옥진은 우리 말에 대한 풍부한 소양과 좋은 문체 그리고 잘 짜여진 구성과 기법으로 수필의 격조를 높이고 있다. 그리고 〈빈 벽을 바라보며〉라는 이름으로 표현되고 있듯이 철학적 사고를 통해서 인간 존재의 근원을 탐구하고 비극을 직시하면서 치유의 방향을 제시하고 있다. 그것은 사랑이다. 그리고 한편으로는 우리 역사의 증언을 다루고 있다. 우리나라 수필가들은 좀처럼 다루지 않는 분야다.

이같은 사회적 역사적 비판정신과 함께 인간의 근원적 존재양식에 대한 근원적 탐구와 구원의 방향 제시는 은옥진 수

필이 얼마나 소중한 가치를 지닌 것인지 절감하게 해 준다. 그러므로 이번 수필집은 한국 수필의 기능을 확대시키며 사회와 역사에 참여함으로써 한국 수필문단을 더욱 높은 단계로 끌어올리는 경사가 되고 있다.